Wenn der Hahn kräht auf dem Mist …

… ändert sich das Wetter oder bleibt, wie es ist! Diese Vorhersage ist sicherlich so oder so immer richtig. Aber sind solche Bauernweisheiten nicht eher für ein bisschen Hokuspokus gut? *Meteorologen* nennt man die Wissenschaftler, die uns die Hochs und Tiefs auf der Wetterkarte erklären und uns sogar im Voraus sagen können, wie das Wetter morgen wird. Rainer Schultheis ergründet das Geheimnis von Frau Holle, beschreibt, was Nebel, Blitz und Donner eigentlich sind, wann wir uns in der Sonne räkeln können und wo welche Winde wehen. Auf dass zukünftigen «Wetterfröschen» beim Lesen heiß und kalt werde!

Rainer Schultheis, geboren 1971, ist Meteorologe und arbeitet als «Wetterfrosch», Redakteur und Moderator im Hörfunk des Österreichischen Rundfunks (ORF). Sein Lieblingswetter? «Schön» ist das Wetter für ihn bei Gewitterregen oder wenn arktische Kaltluft nach Europa strömt. Wochenlanger Sonnenschein und Badetemperaturen findet er aus meteorologischer Sicht eher langweilig.

Antje von Stemm, Jugendliteraturpreisträgerin und Papieringenieurin, kann mit Schere und ein wenig Klebe die tollsten Dinge aus Papier zaubern. Für *DonnerWetter* hat sie sich einen immer währenden Wetterkalender ausgedacht, auf dem man neben Temperatur und Bauernregeln auch das eigene Stimmungsbarometer einstellen kann.

Rainer Schultheis

DonnerWetter

Sonne, Regen, Wind und Wolken –
wie das Klima entsteht

Rowohlt Taschenbuch Verlag

science & fun
Lektorat Angelika Mette

Originalausgabe ·
Veröffentlicht im Rowohlt
Taschenbuch Verlag GmbH,
Reinbek bei Hamburg,
Februar 2003 ·
Copyright © 2003 by Rowohlt
Taschenbuch Verlag GmbH,
Reinbek bei Hamburg ·
Redaktion
Astrid Grabow ·
Umschlaggestaltung
any.way, Barbara Hanke
(Fotos: ZEFA / IFA /
The Image Bank) ·
Reihentypografie
Iris Farnschläder, Hamburg ·
Gesetzt aus Minion und
Thesis Serif in QuarkXPress 4.1 ·
Gesamtherstellung
Clausen & Bosse, Leck ·
Printed in Germany ·
ISBN 3 499 21219 6

Die Schreibweise
entspricht den Regeln
der neuen Rechtschreibung.

 Für Richard Graham Brayley

Inhalt

Einleitung

Hoffentlich habt ihr keinen zu Hause: einen Frosch im Gurkenglas. Für eine Wettervorhersage ist der nämlich völlig ungeeignet.
Er kraxelt die Leiter nur rauf, weil er keine Luft mehr bekommt. In
diesem Buch geht es um einen anderen Wetterfrosch: den Meteorologen und sein liebstes Spielzeug – Wolken, Wind, Regen,
Schnee und Gewitter.

Könnt ihr euch vorstellen, wie der Regen entsteht? Und was
die Wolken damit zu tun haben? Was muss man alles über das
Wetter wissen, um eine Wettervorhersage wagen zu können? Ihr
lernt die technischen Raffinessen auf dem langen Weg von der
Wetterhütte zum Supercomputer kennen und erfahrt, was es mit
Wetterkarten, Satelliten und Radargeräten auf sich hat.

Wusstet ihr, dass die Bauern das Wetter vorherbestimmen können? Wie ihr es ihnen nachmachen könnt und ob die Bauernregeln überhaupt halten, was sie versprechen, könnt ihr auf den
nächsten Seiten herausfinden.

Schließlich steht noch eine wilde Reise durch die verschiedensten Klimazonen auf dem Programm, und ihr erfahrt, wie es um
das Klima unseres Planeten Erde steht. Kohlendioxid,
Methan, Stickoxide und Fluorchlorkohlenwasserstoffe (FCKW) – das sind die Übeltäter, die unsere
Atmosphäre vergiften. Hier bekommt ihr ein
paar Möglichkeiten vorgestellt, was wir gegen sie
tun können und wie wir eine immer stärkere
Umweltbelastung verhindern können.

Aber zurück zum Frosch: Der gehört in die
Natur und nicht ins Gurkenglas. Fragt mich nicht,
wer die Idee gehabt hat, ihn da hineinzustecken.

Noch scheint
die Sonne,
aber am Hori-
zont entsteht
eine Gewitter-
wolke *(Cumu-
lonimbus)*

Teil 1   Phänomenal!

Wolken, Regen und Schnee

Sosehr wir uns auch über die Sonne freuen: Wolken und Regen haben es nicht verdient, schlecht gemacht zu werden. Ein genauer Blick auf den Himmel zeigt phantastische Wolkenbilder in den verschiedensten Formen, und auch Luftschlösser lassen sich erst richtig mit dem Material Wolke bauen. Außerdem: Wenn es das ganze Jahr über keinen Regen gäbe, würde das Leben bei uns genauso schwer sein wie in der Wüste. Und langweilig wäre das Wetter dann obendrein. Sehen wir uns also einmal an, woher Wolken und Regen kommen und was hinter dem Geheimnis von Frau Holle steckt.

Eine große Familie

Ihr kennt sicher den Ausdruck «auf einer Wolke schweben». Und tatsächlich: Schaut man vom Flugzeug hinunter auf die vielen Wolken, sieht es fast so aus, als könnten die Wolken einen tragen. Wolken sind aber nichts anderes als kleine Wassertröpfchen. Sie sind federleicht und daher ungeeignet, um es sich darauf bequem zu machen. Man würde schnurstracks auf den harten Erdboden durchplumpsen.

Wolkenformen gibt es unendlich viele. Sie lassen sich aber je nach Größe und Höhe in mehrere Familien einordnen. Der Wolkenbeobachtungs-Profi kann bei einem Blick auf den Himmel ziemlich eindeutig sagen: Das ist die Familie der «Müller-Wolken», die anderen dort heißen «Meier». Die Wolkenfamilien heißen natürlich nicht Müller und Meier. Die Meteorologen haben sich andere, viel schönere, aber auch kompliziertere Namen aus-

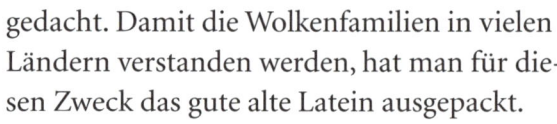

gedacht. Damit die Wolkenfamilien in vielen Ländern verstanden werden, hat man für diesen Zweck das gute alte Latein ausgepackt.

Von Federn und Schäfchen

Fangen wir mit den Wolken an, die im obersten Stockwerk unseres Himmels zu Hause sind. Meist befindet sich das Stockwerk in 7 bis 13 Kilometer Höhe. In diesen Etagen unseres Wolkenwohnhauses ist es eisig kalt. Die Temperatur beträgt oft nicht mehr als minus 25 bis minus 40 Grad Celsius. Entsprechend sind die Wolken zu Frost erstarrt und setzen sich aus kleinen Eiskristallen zusammen. Die Bewohner heißen *Cirrus* und *Cirrocumulus*. *Cirrus* ist lateinisch und heißt übersetzt «Feder». Und wirklich ähneln die Cirrus-Wolken nicht selten feinfasrigen Federn. Die Cir-

Oben: Schönwetterwolken – malerische Anblicke, bei denen man gerne mal den Pinsel zückt
Links: Eine ganz gewöhnliche Cirrus-Wolke. Mit ein bisschen Phantasie ähnelt sie einer Vogelfeder

rocumulus-Wolken hören auch auf den Namen «Schäfchenwolken», weil ihre Anordnung am Himmel an eine Schäfchenherde erinnert.

Sosehr man bei diesen Wolken ins Schwärmen und Träumen kommen mag: Ein scharfer Blick in den Himmel, und ihr könnt vielleicht schon einen Wetterwechsel erahnen. Wolken, die aussehen wie zerrupfte Federn, sind nicht selten die ersten Anzeichen für Schlechtwetter!

Im Zwischengeschoss

Gehen wir eine Etage tiefer. In 2 bis 7 Kilometer Höhe verweilen die mittelhohen Wolken. Die Familie ist groß und artenreich, verschiedenste Formen sind anzutreffen.

Eine geschlossene Wolkendecke mit gleichmäßig geschichteten Wolken gehört oft zur Familie der *Altostratus* – zu Deutsch «mittelhohe Schichtwolken». Die Sonne kann diese dicke Wolkenwand meistens nicht mehr durchbrechen. Bis zu 100 Kilometer weit können sich die Altostratus-Wolken ausbreiten und den blauen Himmel verdecken. Die Temperatur in den Wolken ist sehr unterschiedlich: Oben ist es kälter als unten. Am oberen Rand der Wolken sammeln sich Eiskristalle, während unten eher Wassertröpfchen anzutreffen sind. Seht ihr Altostratus-Wolken, dann sind die richtigen Regenwolken nicht mehr weit.

Die Regenmacher heißen *Nimbostratus*-Wolken und wohnen auch im Zwischengeschoss. Sie haben keine Konturen mehr und sind vor allem für eines gut: schier unaufhörlichen Dauerregen.

Nachgefragt

Warum ist der Himmel blau?

Naturforscher und Wissenschaftler haben sich jahrhundertelang die Zähne an dieser Frage ausgebissen. Selbst große Physiker wie **Sir Isaac Newton** lagen bei der Erklärung falsch. Die Lösung fand **Lord Rayleigh**, mit richtigem Namen John William Strutt: Das Licht der Sonne ist eigentlich weiß. Es besteht als Mischung aus allen Spektralfarben: also Rot, Orange, Gelb, Grün, Blau und Violett. Trifft dieses Licht die Erdatmosphäre, wird es von den Luftteilchen nicht einfach durchgelassen, sondern gebrochen. Das blaue Licht wird dabei am stärksten gestreut. Dieser blaue Lichtanteil ist dann das Himmelsblau, das wir zu sehen bekommen. Warum die Wolken weiß sind? Die kleinen Wassertröpfchen streuen ebenfalls Licht, aber anders, nämlich zu gleichen Teilen. Heraus kommt die Farbe Weiß.

Altostratus-Wolken, die keine Sonne mehr durchlassen

Doppelter Regenbogen: Beim zweiten, dünneren ist die Farbenfolge verkehrt

Im selben Stock sind auch die *Altocumulus*-Wolken zu Hause. Die Wolkennachbarn der Regenwolken bestehen nur aus feinen Wassertröpfchen, sind schöner strukturiert und kommen auch bei Schönwetter vor.

Das Erdgeschoss

Im untersten Stockwerk schließlich sind die spektakulärsten Wolken zu Hause. Die *Cumulus*-Wolke habt ihr sicher schon gesehen. Sie ist die klassische Haufenwolke. Man sieht sie oft im Sommer, und sie muss nichts Schlimmes bedeuten. Es können Schönwetterwolken sein, dann heißen sie *Cumulus humilis* («niedrige Haufenwolke») und *Cumulus mediocris* («Haufenwolke mittlerer Größe»). Die Cumulus-Wolken sind meistens scharf umrissen, und so manche ist schon richtig bekannt geworden. Berühmte Maler haben sie wegen ihrer tollen Form als Motiv gewählt. Die großen Geschwister der Cumulus-Wolken sind die *Cumulonimbus*-Wolken. Man nennt sie auch Schauer- oder Gewitterwolken. Sie sind die absoluten Chefs des Wolkenhauses und halten sich auch nicht an die Hausordnungen. Sie gehen über alle Stockwerke hinaus und ragen bis zu 7 Kilometer und mehr in die Höhe.

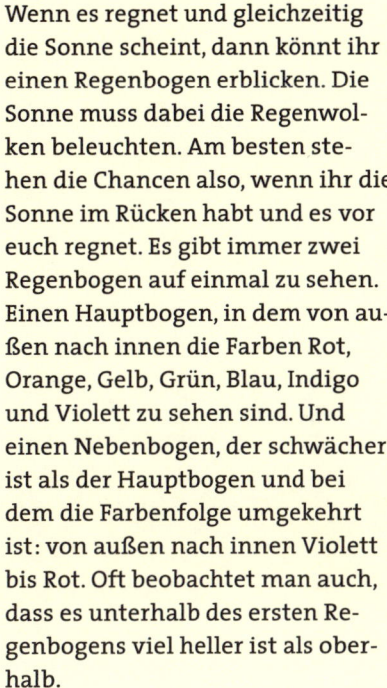

Nachgefragt

Wie entsteht ein Regenbogen?

Wenn es regnet und gleichzeitig die Sonne scheint, dann könnt ihr einen Regenbogen erblicken. Die Sonne muss dabei die Regenwolken beleuchten. Am besten stehen die Chancen also, wenn ihr die Sonne im Rücken habt und es vor euch regnet. Es gibt immer zwei Regenbogen auf einmal zu sehen. Einen Hauptbogen, in dem von außen nach innen die Farben Rot, Orange, Gelb, Grün, Blau, Indigo und Violett zu sehen sind. Und einen Nebenbogen, der schwächer ist als der Hauptbogen und bei dem die Farbenfolge umgekehrt ist: von außen nach innen Violett bis Rot. Oft beobachtet man auch, dass es unterhalb des ersten Regenbogens viel heller ist als oberhalb.

Vom wolkenlosen Himmel zur Schauerwolke

Wie entstehen Wolken? Stellt euch einen Sommertag vor; die Sonne lacht am Vormittag einsam vom wolkenlosen Himmel und schickt ihre wärmenden Strahlen auf die Erde. Der Boden erhitzt sich und strahlt einen Teil der Wärme gleich wieder zurück. Ihr kennt das vom Asphaltboden oder vom Strand im Sommer: Geht man da in der Hitze barfuß, kann man sich ganz schön seine Fußsohlen verbrennen. Luftpakete mit warmer Luft steigen nun in die Höhe. Um die Mittagszeit misst das Thermometer 25 Grad. Das Luftpäckchen steigt und steigt, dabei wird es immer kühler: In 1000 Meter Höhe hat es 17 Grad Celsius, in 2000 Meter nur noch 9 Grad. In dieser Höhe passiert etwas Besonderes: Im Luftpaket beginnen sich kleine Tröpfchen zu bilden. Wie das? Warme Luft kann mehr Feuchtigkeit aufnehmen als kalte. Das heißt: Am Boden bei 25 Grad war in unserem Luftpaket noch recht viel an Feuchtigkeit drin, doch hier in 2000 Meter Höhe kann unser Päckchen nicht mehr so viel Feuchtigkeit halten. Aber die Feuchte kann natürlich nicht mir nichts, dir nichts verschwinden – daher entstehen kleine Tröpfchen. Der Wissenschaftler sagt dazu: Die Feuchtigkeit kondensiert. Ähnliches passiert auch beim Morgentau: In der Nacht kühlt es ordentlich ab, und die Luft, die am Vortag noch erwärmt wurde, hat zu viel Feuchtigkeit. Deshalb setzen sich auf Blättern und Gräsern oder auch auf Glasscheiben kleine Tröpfchen ab.

Kommen wir zu unserem Luftpaket zurück. Auf 2 Kilometer Höhe und bei einer Temperatur von 9 Grad bildet unsere Luftblase also Wasser in Form von Minitröpfchen. Diese vereinen sich rasch mit den anderen zum ersten kleinen Wölkchen: Von unten aus gesehen, schwebt die erste Schönwetterwolke am Himmel.

Wenn ich einmal groß bin, möchte ich eine …

… richtig große Cumulonimbus-Wolke sein, denkt sich die Schönwetterwolke und wächst und wächst. Immer mehr Tröpfchen bilden sich durch Kondensation. Inzwischen ist die Wolke bis auf 4000 Meter hinaufgeschossen, sie hat sich zu einem blumenkohlartigen Ungetüm entwickelt. Minus 7 Grad sind es in dieser Höhe, und es bilden sich schon erste Eiskristalle. Noch nicht genug: Die Wolke entwickelt sich weiter nach oben, bis auf 7000 Meter. Und dann hat sie es endlich geschafft: Aus einer Schönwetterwolke ist eine Cumulonimbus-Wolke geworden.

Mr. Droppys Reiseberichte

«Ich darf mich vorstellen: Mr. Droppy. Typ: Regentropfen, Alter: 10 Minuten. Job: Berichterstatter vom Abenteuer Schauerwolke.

Ich befinde mich derzeit auf 1000 Meter Höhe, ein unglaublicher Aufwind lässt mich immer weiter hinaufschießen. Unzählige Tröpfchenkollegen ereilt dasselbe Schicksal. Sie werden – ob sie wollen oder nicht – nach oben transportiert. Mal sehen, wie es da aussieht …

Ich bin jetzt auf 3000 Meter: Kalt ist es hier oben, warum hat man mir nichts gesagt? Ich friere! 0 Grad herrschen, ich bin schon ganz steif, aber Gott sei Dank noch nicht gefroren. Ich kann leider nicht mehr berichten, denn ich werde weiter hinaufge…

Mein Höhenmesser zeigt 5000 Meter. Die Luft ist dünn. Hilfe, was ist passiert? Ein freches Eiskorn hat mich in Gefangenschaft genommen, und ich musste mich mit ihm verschmelzen. Ich bin jetzt Teil einer großen Eiskugel. Kein Regentropfen hat hier mehr eine Chance, alle werden von diesen Eisdingern verschluckt. Es geht weiter hinauf …

Bin jetzt ganz oben und inzwischen mächtig angewachsen. Temperatur: minus 25 Grad, Höhe: 7000 Meter. Die Aufwinde haben nachgelassen, und ich sehe lauter kirschgroße Eiskörner herumfliegen. Man muss aufpassen, nicht von einem erschlagen zu werden. Ich bin so schwer, ich falle, es geht abwärts …»

An dieser Stelle endet der Bericht von Mr. Droppy. Ich kann euch aber verraten, wie seine Reise weitergegangen ist. Aus 7 Kilometer Höhe ist er in einem ziemlichen Höllentempo runtergerauscht. Auf seinem Weg hat er noch einige kleinere Eiskörner mitgenommen. Inzwischen ist es aber so warm, dass Mr. Droppy wieder auftaut. Und als er schließlich aus der Wolke raus ist, landet er – platsch! – als Regentropfen auf der Erde. Neben ihm sausen noch unzählbar viele andere Regentropfen hinunter, ein richtig schöner Sommerregen prasselt nieder. Dabei hat der Himmel am Morgen noch wolkenlos ausgesehen.

Regen, nichts als Regen

Regentropfen können verschiedene Größen haben: Feinster Sprühregen hat nur eine Größe von 0,1 bis 0,5 Millimeter, große Regentropfen können bis auf 5 Millimeter anwachsen. Viel größer werden sie aber nicht, sondern zerfallen dann wieder in kleinere Tröpfchen. Übrigens: Wenn ihr von einem Berg oder vom Flugzeug einen Kübel Wasser ausschütten würdet, käme auch der als feiner Regen mit kleinen Tropfen an. Ab einer gewissen Fallgeschwindigkeit spaltet sich das Wasser nämlich unweigerlich in kleine Tröpfchen.

Zu Gast in der Wolkenfamilie

Sie kommen gerne zu Besuch, meistens allerdings nur für kurz. In den letzten Jahren sind sie ein bisschen aufdringlicher geworden. Ihr Lieblingsplatz ist das obere Geschoss. Die Gäste des Wolkenhauses sind die Kondensstreifen, die Tag für Tag von einer Schar von Flugzeugen produziert werden. In 10 000 Metern und noch höher hinterlassen sie kreuz und quer ihre weißen Striche. In der Natur dauert es ja eine Zeit, bis eine Wolke entsteht. Ein Flugzeug produziert Wolken in Form von Kondensstreifen jedoch in Sekundenschnelle. Wie geht das? Grund für diese hohen Flugzeugwolken sind die Abgase der Flieger. Schaut man sich die «Flugzeug-Pupse» genauer an, findet sich zweierlei: Wasserdampf und kleine

Verbrennungsteilchen. Diese Kombination ist für die Bildung einer Wolke ideal: Der Wasserdampf verbindet sich mit den Rußpartikelchen. Heraus kommen kleine Eiskerne. Viele Eiskörnchen zusammen bilden dann die Kondensstreifen. Ihr könnt übrigens gut anhand von Kondensstreifen beobachten, ob das Wetter so bleibt, wie es ist, oder

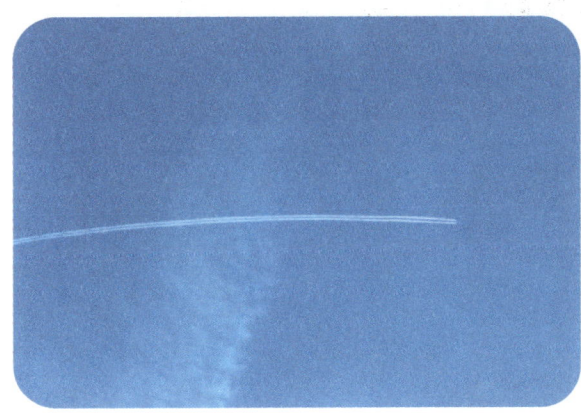

Kondensstreifen

ob sich ein Wetterumschwung nähert. Lösen sich die Wolkenstriche rasch wieder auf, ist die Luft trocken, und das Wetter ändert sich nicht. Verharren die Streifen aber, verschmieren sie oder bilden sogar kleine Schäfchenwolken, dann ist die Luft in der Höhe feucht: Schlechtes Wetter kündigt sich an.

Wenn es im Sommer Eiskörner hagelt

Wie es zu den Regentropfen kommt, wisst ihr schon. Ab und zu kann es aber passieren, dass aus einer mächtigen Schauerwolke Eiskörner rauspurzeln. Es wurden sogar schon Körner beobachtet, die die Größe eines Tennisballs hatten. Ihr könnt euch vorstellen, was es bedeutet, wenn Tausende von Tennisbällen vom Himmel fallen. Die Zerstörungskraft bei so einem Hagelschlag ist enorm, zerbeulte Autos bis hin zu Dachschäden sind oft die Folge. Was passiert in einer Wolke, damit es zum Hagel kommt?

Hagel kann sich nur in *einer* Wolke bilden, in unserer Chefwolke – der Cumulonimbus-Wolke. Werden die kleinen Regentröpfchen im unteren Teil der Wolke hinaufgeschleudert, frieren sie – wie ihr aus Mr. Droppys Reisebericht entnommen habt – auf Eiskörnern an. Oben in der Wolke angelangt, fallen sie durch die Schwerkraft wieder herunter.

Ein Hagelkorn mit 7 Zentimeter Durchmesser

Ist die Cumulonimbus-Wolke aber besonders mächtig und sind die Winde im Inneren der Wolke von unten nach oben besonders stark, kann es sein, dass das Eiskorn nicht ganz runterfällt, sondern noch eine Fahrt «einmal Wolke und zurück» mitmacht. Das Eiskorn wird dann durch das Zusammenschmelzen mit neuen Regentröpfchen und kleineren Eiskörnchen noch größer. Das kann einige Male in der Wolke rauf- und runtergehen – unter Umständen auch so lange, bis das Eiskorn zu einem tennisballgroßen und schlagkräftigen Ding herangewachsen ist. Fällt das Hagelkorn dann hinunter, reichen auch die warmen Temperaturen in den unteren Schichten nicht mehr aus, um es zum Schmelzen zu bringen.

Nebel – Wolken in Augenhöhe

Bisher habe ich euch noch eine Wolkenfamilie unterschlagen. Sie sind die Pförtner in unserem Wolkenhaus mit der Hausnummer 1, und sie sorgen dafür, dass wir alles verschleiert sehen. Es ist der Nebel. Von Nebel könnt ihr sprechen, wenn euer Blick nicht weiter als einen Kilometer reicht, oder aber, wenn ihr die Hand nicht mehr vor den Augen seht. Im Prinzip entsteht Nebel genauso wie Wolken: Kleine Tröpfchen bilden sich, wenn die Luft abkühlt. Oft entsteht Nebel daher in der Nacht, wenn die Temperaturen in den Keller gehen.

Viele Menschen mögen keinen Nebel, weil das Einheitsgrau

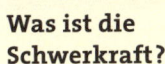 **Nachgefragt**

Was ist die Schwerkraft?

Körper ziehen sich gegenseitig an. Der große Physiker Sir Isaac Newton erkannte als einer der Ersten diesen Zusammenhang. Er stellte eine Formel auf, mit deren Hilfe die Kraft bestimmt wird, mit der sich zwei Massen anziehen – die Schwerkraft eben. Der Legende nach kam Newton im Garten seiner Eltern auf die zündende Idee, als sich ein Apfel vom Baum löste und von der Erde angezogen hinunterfiel.

Je größer die Massen und je näher sie zueinander stehen, umso größer die Schwerkraft. Selbst zwei Menschen ziehen sich an, die Anziehungskraft ist aber sehr gering und kaum messbar. Die Erde hingegen übt eine ungeheure Schwerkraft aus auf alles, was in der Nähe ist – also auch auf uns Menschen. Wenn du dich in eine Rakete setzt und die Erde in Richtung Weltall verlässt, nimmt die Anziehungskraft mehr und mehr ab. Irgendwann ist schließlich überhaupt keine Schwerkraft mehr vorhanden. Du bist dann schwerelos im Raum.

den Blick zur Sonne verdeckt. Gefürchtet ist der Nebel vor allem auf den Autostraßen und in der Luft- und Schifffahrt, da bei schlechter Sicht die Gefahr von Unfällen zunimmt.

Nebel kann man aber auch von der Schokoladenseite aus sehen. Zu einer richtigen Herbststimmung zum Beispiel gehört der Nebel einfach dazu. Und es gibt Völker, die vom Nebel leben.

Die Nebelfänger in der Namib-Wüste

Im Südwesten Afrikas wohnen die Topnaar-Hottentotten. Ihr Leben ist karg, schließlich leben sie in der Wüste. Sie gehören zu den wenigen Bewohnern der Namib-Wüste. Wie ihr euch denken könnt, kann man die Regentage dort an einer Hand abzählen. Nur 20 Liter Regen pro Quadratmeter im Jahr – mehr kommt nicht von oben.

Recht oft entsteht aber in der Nacht Nebel – 60 Tage im Jahr kriecht der Nebel über das Land. Verrückt: An Wasser mangelt es das ganze Jahr, kleine Wassertröpfchen tummeln sich aber des Öfteren in der Luft. Die Tier- und Pflanzenwelt hat ihre eigenen Techniken entwickelt, um die Tröpfchen als Wasserquelle heranzuziehen: Viele Blütenpflanzen haben ein dichtes und weites Wurzelnetz, an dem die kleinen Nebeltröpfchen hängen bleiben. Schlangen warten darauf, dass sich auf ihren Schuppen kleine Tröpfchen bilden, und lecken das kostbare Nass dann ab.

Auch die Topnaar-Hottentotten haben sich eine Möglichkeit ausgedacht, diese kleinen Nebeltröpfchen zu Trinkwasser zu machen. Holzstangen werden in die Erde gerammt und an die Stangen riesige Netze gespannt – Spinnennetze aus Menschenhand. Das Netz ist aus Nylon und hat ganz feine Maschen, damit sich möglichst viele Tröpfchen verfangen. Das Ergebnis ist toll: Zieht Nebel über das Land der Topnaar-Hottentotten, verfängt er sich in ihren Fangnetzen. Bis zu 130 Liter Wasser rinnen pro Nacht in ein Sammelbecken hinein. Bald ist schon mehr Wasser durch Nebel als durch Regen gewonnen. Zusammen mit Wissenschaftlern ließe

48 Fotografien von Eiskristallen. Kein einziges Bild gleicht dem anderen

Was heißt «Schnee» auf Eskimoisch?

Vielleicht habt ihr schon davon gehört, dass die Eskimos viele Wörter für «Schnee» kennen. Die *Inuit*, wie sie sich in ihrer Sprache nennen, verwenden zumindest zehn Wörter (ihre Sprache heißt Eskimoisch):

sikko = Eis,
tingenek = glatter Schnee,
aput = Schnee (als allgemeiner Begriff),
pukak = Schnee (wie Salz),
mauja = weicher Tiefschnee,
tipvigut = Schneewehe,
massak = weicher Schnee,
mangokpok = feuchter Schnee,
massalerauvok = Schnee mit Wasser gefüllt,
akkilokipok = Weichschnee.

Aber nicht nur die Eskimos, auch die Alpenbewohner sind beim Benennen der weißen Pracht erfinderisch: Es gibt Locker-, Wild-, Neu-, Papp-, Pulver-, Schwimmschnee, filzigen Schnee, Harsch, Firn und Sulz und wahrscheinlich noch einige mehr …

sich das Ergebnis durch modernere Netze noch verbessern. Der Nebel wird von den Ureinwohnern also nicht verflucht, die Nebelfänger von der Namib-Wüste freuen sich darauf.

Das Geheimnis von Frau Holle

Weder Frau Holle noch die Brüder Grimm haben sich gedacht, dass man ihnen beim Schneemachen auf die Schliche kommt. Aus dem Märchen wisst ihr sicher, dass es auf der Erde immer dann schneit, wenn die gute Frau oder das fleißige Töchterlein das Bett aufschütteln.

Das wahre Geheimnis des Schneemachens von Frau Holle sieht aber ganz anders aus, und einen Teil dieses Rätsels kennt ihr schon. In unseren Wolken sind kleine Eiskörner entstanden, die bei Regen in den unteren Luftschichten wieder aufgetaut werden und als Tröpfchen am Erdboden landen. Bleibt es aber bis zum Boden unter oder nur knapp über 0 Grad, können die Eisteilchen nicht auftauen – und Schneeflocken tanzen herunter.

Betrachtet man die Schneeflocken unter einem Mikroskop, zeigt sich, dass eine Schneeflocke aus mehreren Kristallen besteht. Das Interessante dabei: Egal, wie viele Schneekristalle du unter die Lupe nimmst, du wirst keine zwei finden, die sich gleichen – jedes Kristall ist verschieden. Grobe Erkennungsmuster lassen sich nach der Temperatur vornehmen, bei der sie entstanden sind. Es gibt Kristalle in Form von Prismen, Platten und Nadeln.

Achtung, Rutschgefahr!

Manchmal kann es passieren, dass unten am Boden Minusgrade sind und vom Himmel, nein, keine Schneeflocken tanzen, sondern munter dicke Regentropfen herunterprasseln. Diese Mischung aus kalter Luft am Boden und kleinen Wassertröpfchen ist sehr gefährlich. Hat so ein Regentropfen einmal den Boden erreicht, erstarrt er sofort zu Eis. Zusammen mit unzähligen anderen Frosttröpfchen wird blitzschnell jede Oberfläche von einer Eisschicht überzogen. Straßen und Gehsteige verwandeln sich in Schlitterbahnen. So schnell können dann Streutrupps nicht ausrücken – ein Verkehrschaos ist vorprogrammiert. Die Krankenwagen sind im Dauereinsatz: Menschen mit Knochenbrüchen werden ins Krankenhaus gebracht, weil sie auf dem Glatteis ausgerutscht sind. Wie kann es nur passieren, dass im Winter bei frostigen Temperaturen Regen fällt? Hat sich da Frau Holle vergriffen?

In der Wolke läuft zunächst alles normal ab, sie lässt ihre Schneeflocken fallen, und die sausen nach unten. Zwischen Wolke und Boden hat sich aber eine warme Luftschicht eingezwängt, die unsere Schneeflocken auftaut. Aus den Schneeflocken werden Regentropfen. Kurz vor dem Aufklatschen in Bodennähe tauchen sie wieder in eine kalte Luftschicht ein. Das reicht aber nicht, um wieder zu gefrieren. Die Tropfen gelangen in flüssiger Form auf den kalten Erdboden.

Meistens ist dieser Glatteis-Regen nur von kurzer Dauer. Im Januar 1998 mussten sich die Einwohner in weiten Teilen Kanadas aber an den gefrierenden Regen gewöhnen. Sechs Tage lang regnete es unaufhörlich bei Temperaturen unter 0 Grad. 80 Liter gefrierender Regen pro Quadratmeter kamen da von oben herab. Die Auswirkungen für die Region waren katastrophal: Die Straßen konnten tagelang nicht befahren werden, weil sie spiegelglatt waren. Bäume und Strommasten knickten unter der Last des Eises wie Streichhölzer zusammen. Fast eine Million Menschen waren allein in der Stadt Quebec ohne Strom. Es gab keine Telefonver-

Blitze von der Wolke Richtung Boden und Wolken-Wolken-Blitze

bindung, und auch die Wasserversorgung war ernsthaft gefährdet. Die Wetterlage war selten verrückt. Warme, feuchte Luft strömte von Mittelamerika Richtung Norden, gleichzeitig gab es im Norden arktische Kaltluft. Keines der beiden Systeme wollte weichen, und das Eisregenwetter blieb fast eine Woche. Der Regen fror und fror.

Gewitter

Der Amerikaner Benjamin Franklin (1706 bis 1790) war ein weiser Mann: Die Gründung der Vereinigten Staaten von Amerika ist unter anderem ihm zu verdanken. Der Politiker hatte aber noch ganz anderes im Sinn, so interessierte er sich besonders für die Erforschung von Naturphänomenen.

In der damaligen Zeit waren elektrische «Shows» modern. Und die begeisterten auch diesen neugierigen Politiker. Man konnte sich auf Jahrmärkten von elektrisch aufgeladenen Damen schmerzhafte Küsse abholen, Alkohol und Schießpulver gingen mit Hilfe von kleinen künstlichen Blitzen in Flammen auf. Dabei wollte es Franklin aber nicht belassen. Ihn beschäftigte eines der ganz großen Spektakel: die Blitze in der Natur. Um 1750 wusste man fast gar nichts über Gewitter, und so entschloss sich Benjamin Franklin 1752 zu einem lebensgefährlichen und äußerst riskanten Experiment. Gleich vorweg an euch die Bitte: Kommt niemals auf die Idee, das nachzumachen. Jeder Wissenschaftler und moderne Experimentator schlägt heute die Hände über dem Kopf zusammen, wenn von diesem Ereignis die Rede ist.

Benjamin Franklin wartete in Philadelphia, im Bundesstaat Pennsylvania in den heutigen USA, auf ein richtig großes Gewitter. Er baute sich für seine Zwecke einen Drachen. Aber es war kein gewöhnlicher Drachen: Franklin fixierte einen Metalldraht an der Drachenleine,

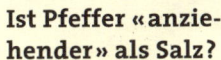

Experimente

Ist Pfeffer «anziehender» als Salz?

Jedes noch so kleine Teilchen hat normalerweise gleich viele positive und negative Ladungen. Es kann nun aber sein, dass sich die Ladungen verschieben. Wir helfen ein bisschen nach: Ihr braucht einen Plastiklöffel, ein Wolltuch, einen Teller und eine Prise Salz und Pfeffer. Verstreut nun Salz und Pfeffer auf einem Teller und vermischt es ordentlich. Dann reibt ihr den Plastiklöffel kräftig an einem Wolltuch und haltet den Löffel nah an den Salz-Pfeffer-Haufen. Ihr werdet sehen, dass der Löffel das Pfefferpulver anzieht. Was ist passiert? Durch die Reibung des Löffels am Tuch hat sich der Löffel geladen, und die Ladungen sind von der Wolle zum Löffel übergelaufen. Der Salz-Pfeffer-Haufen hat gleich viele positive und negative Ladungen (man nennt das deshalb eine ausgeglichene Ladung). Nähert sich der Löffel jedoch, verschiebt sich das Ladungsverhältnis im neutralen Körper – es kommt zu einer Anziehung. Dabei werden die leichteren Pfefferteilchen eher angezogen als die schwereren Salzteilchen.

FRANKLIN'S EXPERIMENT WITH THE KITE.
See p. 46.

Benjamin Franklins gefährliches Drachenexperiment

und am Ende des Drahtes baumelte ein Schlüssel. Als die Gewitterwolke da war, ließ Franklin den Drachen in Richtung Wolke hinaufsteigen. Aus der Wolke zuckte es. Franklin berührte nun den Schlüssel, und siehe da: Ein Funke übertrug sich, und er bekam einen leichten Schlag. Erstmals war der Beweis geliefert, dass es einen Zusammenhang zwischen Blitz und elektrischer Ladung gibt.

Benjamin Franklin mag ein guter und vernünftiger Politiker gewesen sein, dieser gefährliche Versuch gelang ihm jedoch nur mit der Unterstützung aller verfügbaren Schutzengel – das Ganze hätte tödlich enden können. Denn heute weiß man: Es war reiner Zufall, dass nur ein zarter Funke vom Schlüssel übersprang. Stattdessen hätte er auch einen heftigen elektrischen Schlag abbekommen können, der für Franklin das letzte Experiment bedeutet hätte.

Beim Jupiter!

Die Menschen waren schon immer fasziniert und verängstigt von Blitz und Donner. Lange Zeit konnte sich niemand genau erklären, wie Gewitter überhaupt entstehen. Die Religionen hatten aber seit jeher passende Antworten.

Blitz und Donner galten damals als Strafe der Götter. Im alten Griechenland war es Zeus, in der römischen Götterwelt Jupiter: Sie bestimmten, wo Blitze hinuntergehen und wen sie treffen sollten. Verstieß man gegen die Sitten oder war man ungerecht, folgte die Strafe eines Blitzschlages. Auf alten Bildern habt ihr sicher einmal Zeus gesehen, den ihr daran erkennt, dass er Blitze auf die Erde schleudert.

Die Germanen und Kelten dachten, dass der Donner von den Kämpfen ihrer Götter herrührte: Gott Thor schlug sich mit den Feinden des Menschen herum, und das Krachen und Brummen bekam man im Diesseits als Donner zu hören. Im Mittelalter schließlich galt der Blitz als Hexen- und Teufelswerk.

Früher waren die Auswirkungen von Gewittern für die Menschen bedeutend größer als heute: Es gab keine geregelten Feuerwehren oder Blitzableiter, und immer wieder wurden ganze Städte durch Gewitter ausgelöscht. Die Menschen versuchten in ihrer Angst, den Blitzschlag durch Wetterglocken abzuwehren. Sie glaubten, dass der Schall der Glocke die Blitze vertreiben könnte. Daneben waren Wetterhörner, Wetterkreuze und geweihte Kerzen damals die einzigen Werkzeuge, die die Menschen kannten, um sich gegen einen Blitz zu schützen – was natürlich nicht viel half. Selbst Pfeile schoss man in Gewitterwolken, glaubte man doch, damit die Dämonen in den Wolken zu verscheuchen.

Wie entstehen Gewitter?

Ist es warm und die Luft feucht – dann gedeihen blumenkohlartige Gewitterwolken. Ihr habt ja im vorigen Kapitel den Weg von einem wolkenlosen Himmel zu einer Cumulonimbus-Wolke verfolgen können. Irgendwann ist es dann so weit: Die letzten blauen Stellen werden von einem gefährlichen Schwarz ersetzt – es geht bald los. Was passiert in so einer Gewitterwolke?

Vom Flugzeug aus betrachtet, breiten sich Gewitterwolken an ihrem oberen Ende zu beiden Seiten aus (man nennt dies eine Ambossform). Die Wolke hat zwar den Drang, immer höher zu steigen, irgendwann ist aber Schluss, und sie hat keine Kraft mehr, weiter hinaufzuwachsen. Stattdessen breitet sie sich auf die Seite aus, die Ambossform entsteht. Sehen wir uns die Wolke einmal von der Seite im Querschnitt an. Milliarden und Abermilliarden

Was sind Brontologen?

Diesen Namen haben sich die Forscher von Blitz und Donner ausgesucht. Als Brontologe bist du jedem Blitz auf der Spur. 1800 Gewitter haben sich in der Zeit, in der du diesen Satz liest, zusammengebraut, etwa 16 Millionen Gewitter gehen jedes Jahr weltweit nieder. Die meisten Blitze, die entstehen (nämlich neun von zehn), treffen aber gar nicht die Erde. Sie schießen von einer Wolke zur anderen und heißen daher auch Wolken-Wolken-Blitze (vergleiche das Foto auf Seite 24). Gehen wir einmal davon aus, dass der Blitz nun aber doch zur Erde gelangt. Bevor es zu einer Entladung kommt, schafft sich die Wolke freie Bahn, und sie baut sich einen Blitzkanal auf. Zwischen Wolke und Boden entsteht eine Schleuse, die besonders gut elektrisch leitet. Diese bildet den Schmierstoff für den folgenden Blitz. Ist der Blitzkanal aufgebaut, steht einem Blitz nichts mehr im Wege.

von Tröpfchen und kleinen Eiskörnchen schwirren herum. Jedes noch so kleine Teilchen hat eine Ladung: Entweder es ist positiv (+) geladen oder negativ (–). Je größer die Wolke wird, umso mehr Tröpfchen und umso mehr positive und negative Ladungen gibt es. Schaut man sich an, wie die Ladungen in der Wolke verteilt sind, zeigt sich: Die «positiven» Tröpfchen wohnen lieber an der oberen Seite der Wolke, die «negativen» lieber unten. Wächst jetzt die Wolke von Stunde zu Stunde an, vermehren sich die Tröpfchen in rasendem Tempo. Gleichzeitig wird auch eine immer höhere Spannung aufgebaut. Irgendwann wird es der Wolke zu viel, sie muss sich entladen. Ein Blitz entsteht.

Wenn du einen Blitz siehst, würdest du denken, dass er von oben in den Erdboden einschlägt. Das ist aber eigenartigerweise nicht so. Der Blitz kommt von oben *und* von unten. Vom Erdboden her findet durch unseren Blitzkanal eine positive Entladung nach oben statt, gleichzeitig schießt negative Ladung von der Wolke Richtung Boden. Die beiden Ladungen treffen zusammen, der Stromkreis schließt sich, und – zack! – jetzt ist der Blitz da. Die unterschiedlichen Ladungen gleichen sich aus.

Wo ein Blitz ist, ist der Donner nicht weit

Blitz und Donner gehören wie Geschwister zusammen. Wie entstehen diese höllischen Himmelskracher?

Hat sich ein Blitz gebildet, wird die umgebende Luft unglaublich aufgeheizt. Die Temperatur der Luft kann dann bis zu 30 000 Grad betragen. Durch diese Hitze entsteht ein enormer Druck. Die Luft explodiert, und ein gehöriger Knall entsteht – der Donner. Je knapper die beiden Unzertrennlichen aufeinander folgen, umso näher ist das Gewitter. Ihr könnt euch das selbst leicht ausrechnen. Wenn ihr einen Blitz seht, braucht ihr nur die Sekunden bis zum Donner zu zählen. Dann müsst ihr noch durch drei dividieren, und ihr habt die Entfernung in Kilometer. Zum Beispiel: Ihr zählt zwischen Blitz und Donner neun Sekunden. 9 : 3 = 3, also 3 Kilometer. Ihr wisst jetzt, dass der Blitz irgendwo im Umkreis von diesen 3 Kilometern eingeschlagen hat. Nun wartet ihr auf den nächsten Blitz und zählt wieder die Sekunden (am besten kommt man auf ganze Sekunden, wenn man langsam und gleichmäßig «einundzwanzig, zweiundzwanzig, dreiundzwanzig» zählt). Ist die Zeit kürzer geworden, wisst ihr: Das Gewitter kommt näher.

Zahlen & Rekorde

Wer hat die größte Spannung?

Blitze können, wenn sie von Wolke zu Wolke schießen, eine Länge von bis zu 20 Kilometer haben. Die Spannung beträgt bis zu 100 Millionen Volt. Zum Vergleich: Die Steckdose bei dir zu Hause hat 220 Volt. Die Stromstärke eines Blitzes beträgt bis zu 200 000 Ampere – eine Glühbirne hat gerade mal ein viertel Ampere.

Nachgefragt

Kann man aus Blitzen Strom machen?

Blitze hätten zwar ein enormes Energiepotenzial – schon ein einziger Blitz besitzt nämlich etwa so viel Energie wie 1000 Atomkraftwerke gemeinsam. Die Energie lässt sich aber nicht bündeln, und ein Gewitter ist zudem nur von kurzer Dauer. Gewitterstrom aus der Steckdose wird es also nie geben.

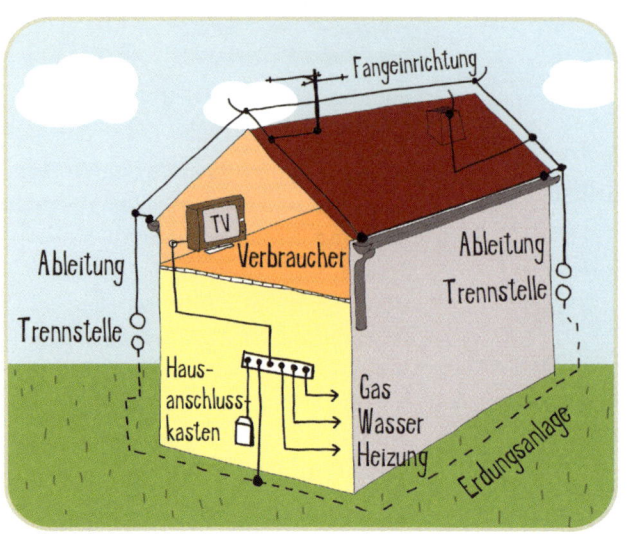

Eine Blitz-
schutzanlage

Kommen wir noch einmal zu Benjamin Franklin zurück. Sein waghalsiger Versuch mit dem Drachen brachte ihn darauf, Häuser vor Blitzen zu schützen. Er schrieb: «*Man muss auf den höchsten Teilen der Gebäude aufrecht stehende eiserne Stangen befestigen. Diese müssten so spitz wie Nadeln gemacht und, um dem Roste vorzubeugen, vergoldet werden. Vom unteren Ende dieser Stangen müsste man außen an dem Gebäude einen Draht bis in die Erde gehen lassen.*» Das, was er da beschrieb, waren die ersten funktionierenden Blitzableiter. Die waren aber Mitte des 18. Jahrhunderts alles andere als erwünscht. Die Kirche wehrte sich dagegen. Die Geistlichen wetterten gegen die «Ketzerstangen», wie sie sie nannten. (Ketzer nannte man die Menschen, die der Kirche gegenüber kritisch eingestellt waren und die verdächtigt wurden, gegen den christlichen Glauben zu verstoßen.) Zu sehr waren Gewitter und Blitz noch verbunden mit dem Göttlichen. So meinte etwa der Franzose Jean Antoine: «*Lassen wir es donnern und blitzen, wie wir es auch regnen lassen, und schmeicheln wir uns nicht mit der üblen Hoffnung, dieses verderbliche Feuer aus unserem Dunstkreis vertreiben zu können.*»

So blieben die Häuser noch eine Zeit lang dem Himmelsfeuer ausgesetzt. Weiterhin wurde mit Wetterglocken gebimmelt und wurden unnötig Pfeile in Richtung der Wolken geschossen. Die Kirchenväter mussten aber feststellen, dass gerade ihre hoch hinaufragenden Kirchtürme von Blitzschlägen heimgesucht wurden. Nach und nach sahen daher auch die Geistlichen den Sinn des Blitzschutzes ein und sperrten sich nicht mehr gegen die Stange an ihrem Kirchturm.

Eichen und Buchen sollst du NICHT suchen

Gewitter sind relativ unberechenbar. Bis heute rätseln Wissenschaftler darüber, wie sich Blitze genau ausbreiten, und selbst für Meteorologen bleibt die genaue Vorhersage von Gewittern eine Herausforderung. Immer noch müssen wir Menschen uns gegen den Blitzschlag schützen. Leichtsinn ist gefährlich. Hier sind ein paar Tipps für euch, falls ihr einmal von einem Gewitter überrascht werdet.

1. Normalerweise seid ihr im Inneren von Gebäuden vor Blitz und Donner sicher. Fragt aber einmal eure Eltern, ob das Haus eine Blitzschutzanlage so wie in der Abbildung links hat. Wenn nicht, müsst ihr während eines Gewitters vorsichtig sein: Das Telefonieren sollte man lassen, auch Duschen und Baden könnten gefährlich werden.

2. In Autos seid ihr sicher. Ihr seid rundum von Metall umgeben, die Karosserie bildet einen «Faraday'schen Käfig». Vorsicht bei offenen Autos (Cabrios), die bieten keinen Schutz!

3. Wenn ihr mit dem Fahrrad unterwegs seid: Lasst den Drahtesel stehen und bringt euch in Sicherheit.

4. Glaubt keinem, der euch folgendes «Gewitter-Gedichtlein» aufsagt: «Eichen soll man weichen, vor den Fichten soll man flüchten, auch die Weiden soll man meiden, doch Buchen soll man suchen, auch Linden soll man finden.» Diese Regel ist UNSINN!!! Jeder allein stehende Baum, unter den man sich stellt, kann vom Gewitter heimgesucht werden. Der Blitz macht keinen Unterschied, ob Buche, Weide, Linde, Fichte oder Eiche. Diese «Bauernregel» kam daher, weil man immer wieder beobachtet hatte, dass Buchen und Linden nach einem Blitzschlag kaum verletzt waren.

Berühmte Leute

Der Mann im Käfig

Michael Faraday (1791 bis 1867) erfand einen Maschenkäfig, durch den kein elektrisches Feld durchkommt, den Faraday'schen Käfig. So gibt es im Deutschen Museum in München Tag für Tag den spektakulären Versuch zu sehen: Ein kräftiger Blitz schlägt auf den Drahtkorb ein, in dem ein Museumsarbeiter steht – es passiert ihm nichts, der Käfig leitet den Blitz ab. Ich würde mich trotzdem nicht hineinstellen ...

Linden, Fichten und Eichen waren jedoch arg zerstört. Der Blitz schlägt aber bei allein stehenden Bäumen ohne Rücksicht auf Art, Alter und Baumfarbe erbarmungslos ein und pfeift auf diese falsche Bauernregel.

5. Vor einer Bergtour: Beobachtet immer den Himmel und informiert euch vorher über das Wetter. Lieber zurückgehen, als zu viel zu wollen, ist für Gipfelstürmer ein ehernes Gesetz.

6. Werdet ihr im Freien von einem Gewitter überrascht, sucht entweder eine in der Nähe stehende Schutzhütte oder ein Haus auf. Wenn das nicht geht, lauft in den Wald.

7. Wenn ihr nichts zum Unterstellen findet, kniet euch auf einer freien Fläche hin und kauert euch zusammen. So bietet ihr dem Blitz wenig Angriffsfläche. Lehnt euch auf keinen Fall an eine Wand.

8. Seid ihr gerade schwimmen oder mit einem Boot unterwegs: nichts wie raus aus dem Wasser. Das Wasser ist nämlich ein idealer Leiter für Blitzstrom und besonders gefährlich.

9. Wenn ihr in einem Zelt seid: Das Zelt bietet normalerweise keinen Schutz vor Gewitter. Sucht in einer Hütte Unterschlupf. Wenn das nicht geht: Setzt euch auf eine trockene Matratze und haltet Abstand von Zeltstangen und Zeltwand.

Kugelblitze

Wie Blitz und Donner zustande kommen, wissen die Blitzforscher inzwischen ganz gut. Damit den professionellen Spürnasen aber nicht der Stoff zum Kopfzerbrechen ausgeht, hat sich die Natur etwas besonders Raffiniertes ausgedacht: kugelförmige Blitze.

Auf dieses Geheimnis haben die Experten noch keine Antwort. Kugelblitze sind ganz eigenartige Dinger. Sie sind nicht größer als ein Fußball und hell erleuchtet. Sie schweben nur ein paar Meter über dem Boden und durchdringen mühelos Wände oder Fenster, wie von Geisterhand angetrieben. Nach wenigen Sekunden ertönt ein Knall, und weg sind sie. Tausende und Abertausende Beschreibungen gibt es, Zeichnungen wurden angefertigt. Trotzdem hat die Wissenschaft keine Antwort auf dieses Naturereignis. Man weiß bloß, dass die meisten Kugelblitze bei normalen Gewittern beobachtet wurden. Der Rest ist Rätselraten. Auch im Labor konnte man bisher keine solchen Kugeln herstellen. Vielleicht siehst du ja einen Kugelblitz und kommst dem Ganzen auf die Schliche. Du wärest die oder der Erste und würdest berühmt werden. Wenn du die Lösung hast, wird der Kugelblitz dann vielleicht sogar einmal nach dir benannt. Das ist bei den Wissenschaftlern so üblich. Viel Glück!

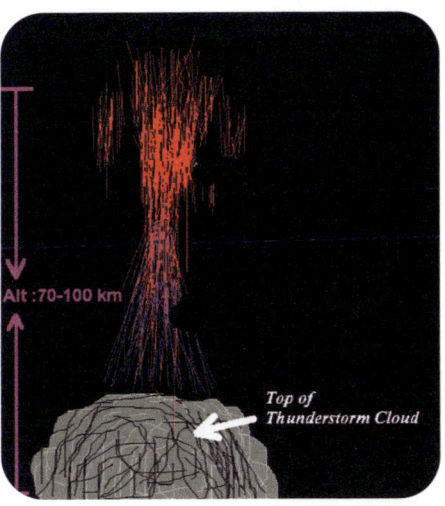

Kobolde und Elfen, alles geht verkehrt herum

Lange Zeit wurden «Kobolde» und «Elfen» von den Experten belächelt. Nach diesen Märchenfiguren benannte man seltsame Erscheinungen, die am Himmel beobachtet wurden. Dabei handelt es sich um Figuren, die in leuchtendem Rot oder Blau auftreten und immer in der Nähe von mächtigen Gewitterwolken entstehen. In den letzten Jahren haben die Wissenschaftler dazugelernt: Es gibt nämlich nicht nur Blitze, die von der Wolke Richtung Erde schießen, sondern auch welche, die sich ins Weltall ausbreiten. Bis in eine Höhe von 80 bis 100 Kilometern, weit oberhalb von Wetter und Wolken.

Genauso wie die Gewitterwolke Richtung Boden Spannung ablässt, macht sie das auch in Richtung des Weltalls. Die Wucht ist aber deutlich geringer: Die Luft wird dünner, und es gibt weniger Luftteilchen. Damit wird auch die Anzahl der geladenen Teilchen geringer. Die roten Kobolde und Elfen – auf Englisch heißen sie *red sprites* – sind nur sehr schwach sichtbar. Man muss schon viel Glück haben, um dieses Naturereignis zu erwischen. Nicht zu verwechseln sind die verkehrten Blitze mit Polarlichtern.

Ihr seht, auch in der Natur können Märchen mit Kobolden und Elfen manchmal Wirklichkeit werden …

Wind

«Wann treffen wir drei wieder zusamm'?»
«Um die siebente Stund', am Brückendamm.»
«Am Mittelpfeiler.»
«Ich lösch die Flamm.»
«Ich mit.»
«Ich komme vom Norden her.»
«Und ich vom Süden.»
«Und ich vom Meer.»
«Hei, das gibt ein Ringelreihn,
Und die Brücke muss in den Grund hinein.»

Wer hat da so gemeine Absichten? Aus allen Richtungen kommen sie her, um eine Brücke zu zerstören. Die, die sich da absprechen, sind aber keine bösen Hexen – gemeint sind die Winde. Die listigen Kameraden heißen Nord-, Süd- und Westwind. Theodor Fontane hat das Gedicht gereimt, er nannte es «Die Brück' am Tay». Auf die Idee zu diesem Reim kam der Dichter bei einer Reise nach Schottland. Dort stürzte nämlich im Jahr 1879 eine Eisenbahnbrücke an der Mündung des Flusses Tay ein. Sie war erst ein Jahr zuvor errichtet worden. Während des Unglücks kam ein Sturm auf. Ein Zug, der gerade die Brücke überquerte, versank im Meer, und viele Passagiere fanden den Tod. Der Wind brachte die Brücke zum Einsturz. Wie konnte so etwas passieren? Die Konstrukteure der Brücke hatten an solch tosende Stürme nicht gedacht, der Leichtsinn war wohl schuld an dieser Katastrophe.

61 Jahre später, am 1. Juli 1940, gab es in Seattle in den USA ein großes Fest. Eine der größten Hängebrücken der Welt wurde eröffnet. Ein Prunkstück der modernen Architektur. Obwohl: Eines war schon eigenartig. Bei Wind kam die Brücke gehörig ins Schwingen, dafür wurde sie in den nächsten Monaten direkt berühmt. Touristen aus aller Herren Länder kamen hierher, um es mit ihrem Auto auszuprobieren: über die Brücke zu fahren und mit dem eigenen Vehikel Wellen zu reiten. Der Wind brachte die Brücke nämlich dermaßen in Schwingungen, dass sie wellenförmige Bewegungen erzeugte. Rasch erhielt die Brücke in Tacoma auch einen Spitznamen: die galoppierende Gertie. Eine Zeit lang ging alles gut, und die Leute waren begeistert vom Schaukeln der Brücke. Man dachte, dass das Ganze eine Laune der Natur sei und dass es nie zur Katastrophe kommen würde. Am 7. November 1940 war es dann so weit. Windböen von 60 Kilometer pro Stunde rauschten übers Land und auch über die Brücke. Das war eigentlich gar nicht so viel, die Brücke hatte schon höhere Windgeschwindigkeiten überstanden. In diesem Fall ereignete sich jedoch etwas Besonderes: Wie vorher auch schon geriet die Brücke in Schwingung. Der Wind hatte aber gerade eine Geschwindigkeit, wo sich die Schwingungen immer mehr aufschaukelten. Die Physiker nennen dieses Phänomen «Eigenresonanz». Die Brücke galoppierte in ihrer eigenen Schwingung also immer weiter. Sie geriet außer Rand und Band. Teile der Fahrbahn standen schon fast im rechten Winkel zur Brücke. Schließlich zerbrach sie in ihre Bestandteile. Die Brücke war zerstört. Schuld war der Wind. Und die Ingenieure, die so eine Brücke bauten und vergaßen, an die Schwingungseffekte zu denken.

Der Wind hat aber auch sein Gutes, wie ihr sehen werdet.

Wind als Geldmaschine

Es gibt Leute, bei denen schlägt das Herz höher, wenn der Wind so richtig pfeift. Wenn er das wochen- oder monatelang tut, ist ihre Freude grenzenlos. Das eigenartige Verhalten dieser Menschen lässt sich leicht erklären: Es handelt sich um die Betreiber von Windkraftanlagen. Sie machen also mit Wind Geld, ganz ordentlich sogar. Und mit Wind Geld zu machen, ist eine sehr kluge Idee, schließlich liegt das Geld auf der Straße, besser, es liegt in der Luft, man muss es nur noch einfangen. Kein Politiker wird je für Wind Geld oder Steuern erheben – bis jetzt ist das jedenfalls so.

Begonnen hat alles im 10. Jahrhundert bei den Persern und Afghanen, die Pioniere beim Bau von Windkraftanlagen waren. Sie nutzten die Windenergie hauptsächlich, um ihre Mahlmaschinen in Bewegung zu setzen. Mit den Windkraftanlagen von heute hatten die damaligen Windräder aber wenig gemeinsam: Sie bauten eine einfache Hütte, und in Dachhöhe fixierten sie ein paar Windflügel. Schon vor dem Bau der Windmühle war zu überlegen, in

Eine prächtige Hollandwindmühle

welche Richtung man das Haus baute, denn die Flügel waren nur nach einer Himmelsrichtung ausgerichtet. War das Ding einmal gebaut und kam der Wind mal von einer anderen Richtung, stand die Mühle still.

Die Holländer waren da schon raffinierter, als sie im 17. Jahrhundert die ersten Windmühlen konstruierten, die drehbare Rotorblätter hatten. Ihr könnt euch das so vorstellen: Das Dach des Mühlenhauses war beweglich – ähnlich wie bei einer Pfeffermühle. Die Flügel waren auf dem Dach montiert, und so konnte die Windmühle jede Änderung der Windrichtung mitmachen.

Tausende dieser «Hollandmühlen» waren im Gebrauch. Sie wurden oft auch zum Abschöpfen von Wasser eingesetzt, wenn das Land überflutet war. Auch in Deutschland gab es in der Blütezeit bis zu 20 000 dieser Windmühlen. Das war Ende des 19. Jahrhunderts. Als dann die technischen Errungenschaften wie das Automobil, das elektrische Licht und die Eisenbahn aufkamen, wurde es um die Windmühle schlagartig ruhig. Kohle, Öl, Gas und Wasserkraft waren plötzlich gefragt, die waren wirtschaftlicher und brachten einfach mehr Strom als die Windkraft.

Kohle, Erdöl und Erdgas – wie lange reichen die Vorräte?

Fast 100 Jahre brauchte es, bis man merkte, dass Kohle, Erdöl und Erdgas zwei Haken haben: Sie sind nicht für immer und ewig da, irgendwann gehen uns die Rohstoffe aus (man nennt sie daher auch «nicht erneuerba-

Experimente

Wie Zugluft entsteht

Mach die Tür zu, es zieht! Wie oft hast du das schon gehört? Aber warum zieht es? Dass da Wind im Spiel ist, kannst du auf folgende Weise testen. Stell dich zwischen einen wärmeren und einen kühleren Raum, zum Beispiel an den Wohnungseingang. Nun nimmst du eine Kerze und streckst sie, so weit es geht, in die Höhe: Die Flamme bewegt sich zur kühleren Luft nach außen, denn warme Luft strömt nach außen und steigt dabei auf. Wenn du dich auf den Boden kniest und die Kerze nochmals an die Türschwelle hältst, flackert die Flamme jetzt in die wärmere Wohnung – es ist also genau umgekehrt. Kalte und schwerere Luft strömt nämlich von außen herein und sinkt dabei ab. Solange es drinnen und draußen nicht gleich kalt (oder warm) ist, zieht es. Je größer der Temperaturunterschied, umso mehr Wind weht. Den Wind in der Wohnung nennt man auch Zugluft.

re Rohstoffe») – erster Haken. Beim Verbrennen dieser Rohstoffe entstehen Schadstoffe, die unserer Umwelt ordentlich zusetzen – zweiter Haken. Neue Energieformen waren gefragt, und siehe da: Das Windrad war wieder da. Schlanker, größer und vor allem – leistungsstärker. Seit 1980 herum wachsen aus grünen Wiesen immer mehr surrende Windkraftanlagen empor. Heute gibt es ganze Wälder davon, die heißen dann Windparks – und so ein Windpark mit bis zu 100 Einzelanlagen kann ganze Städte mit Strom versorgen. In der Technik der Windkraftanlagen hat sich viel getan: Konnte 1987 die größte Windkraftanlage etwa fünf bis zehn Familien mit Strom beliefern, schaffen die neuesten locker 1000 Haushalte, das ist das 100fache!

Offshore-Windkraftanlage: Die Windräder stehen mitten im Wasser

Deutschland ist übrigens weltweit die Nummer eins bei der Windkraftnutzung. In manchen Regionen in Norddeutschland gibt es gar keinen freien Platz mehr, um Windkraftanlagen aufzustellen. Daher geht man neuerdings dazu über, Windräder im Meer aufzubauen, man nennt die Methode «offshore».

Solche Anlagen draußen auf hoher See haben einen Vorteil: Der Wind wird zu Wasser weniger gebremst als zu Land, und stärkerer Wind bedeutet dann noch mehr Leistung. Allerdings ist immer noch nicht genug getan: Nur drei Prozent des Stroms, den

Nachgefragt

Wer sind Scirocco, Bora, Föhn und Mistral?

Nein, es geht um kein schnittiges Auto mit viel PS. Es geht um Windnamen. Gerade in den Bergen entstehen ganz besondere Windsysteme. Stellt euch dicke schwarze Regenwolken vor, die geradewegs auf ein Gebirgsmassiv stoßen. Sie kommen nicht über die Barriere hinweg und regnen sich daher an der Vorderseite der Berge – der so genannten Luv-Seite – vollständig aus. Auf der anderen Seite der Berge – der Lee-Seite – passiert jetzt etwas Eigenartiges: Dort regnet es überhaupt nicht. Stattdessen fallen von den Gipfeln trockene, warme Winde ins Tal. Diese Fallwinde sind gefürchtet, verursachen sie doch bei vielen Menschen entsetzliches Kopfweh. So manch einer hat zudem das Gefühl, als ob er ein Gläschen zu viel getrunken hätte. Der Grund für Kopfschmerzen und Schwipszustände liegt in den großen Druckschwankungen, die Scirocco, Bora, Föhn und Mistral erzeugen.

wir benutzen, stammt aus der Windkraft. Immer noch beziehen wir den meisten Strom aus Kohle, Erdöl und Atomkraft. Dabei könnte man bis zu 20 Prozent des Stromverbrauchs durch Windenergie abdecken.

Fliegende Windmühlen

Ideen, wie man aus Wind Strom machen kann, gibt es genug. Am besten wäre es, die Windanlagen dort arbeiten zu lassen, wo der Wind am stärksten ist. In der Atmosphäre hausen in etwa 8000 bis 10 000 Meter Höhe besonders kräftige Winde. Sie heißen Strahlströme oder auch *Jetstreams*. Mit 200 bis 500 Stundenkilometer pfeift dort der Wind. Zu unserem Glück bleibt der Wind in dieser Höhe, am Boden würde er alles zerstören. Amerikanische Wissenschaftler sind auf die Idee gekommen, Windkraftanlagen in diese Höhe hinaufzuhieven. Ein straffer Stahlstrang stellt dann die Verbindung zur Erdoberfläche her. Oben fangen riesige Flügel den Wind ein und wandeln ihn in Energie um. In gewissen Zeitabständen wird das Gerät heruntergeholt, um die Energie zu speichern. Diese fliegenden Windmühlen sind eine geniale Idee, ein paar Schwierigkeiten gibt es aber: Man braucht nämlich riesige unbewohnte Ebenen – Wüsten zum Beispiel –, um die fliegenden Windmühlen steuern zu können. Flugzeuge dürften da auch nicht fliegen, und, das seht ihr im nächsten Kapitel, gerade denen macht es großen Spaß, in diesen Höhen unterwegs zu sein. Bei uns wäre die Idee also kaum zu realisieren. Aber wer weiß, vielleicht *beamen* wir uns in Zukunft von solchen fliegenden Ungeheuern die Energie direkt in unsere Steckdosen. Wir können ja zumindest schon mal davon träumen …

Turbobooster für Flugzeuge

Die Fluglinien machen den Wind zu ihrem Freund, und Airlines sparen dabei Tausende und Abertausende Liter von Kerosin. Flugpassagiere – besonders die ängstlichen – freuen sich, dass der Flug früher als geplant zu Ende ist. Das alles ist dem Wind zu verdanken. Auf den Flügen von Amerika nach Europa oder von Südamerika nach Afrika lassen sich die Flugzeuge vom Rückenwind ordentlich anschieben. Wie in einem Kanalschlauch wird das Flugzeug von West nach

Das Himalajagebiet vom Satelliten aus fotografiert. In der Mitte seht ihr den höchsten Berg der Erde

Nachgefragt

Welche Einheiten für die Windgeschwindigkeit gibt es?

Am bekanntesten ist die Einheit Kilometer pro Stunde (km/h). Ihr kennt sie ja auch vom Tachometer am Fahrrad oder im Auto. Für die Berechnung der Windgeschwindigkeit wird aber auch Meter pro Sekunde (m/s) verwendet. Es gilt: 1 km/s = 3,6 km/h (also etwas weniger als 4 Stundenkilometer). Dann gibt es noch die vor allem in der Schifffahrt gebräuchlichen Beaufort (siehe Abbildung und Infokasten Seite 44/45) und Knoten (kn) oder Seemeile. 1 kn = 1,85 Stundenkilometer (also etwas weniger als 2 km/h).

Ost vom Wind angetrieben. Die Airlines gehen oft größere Umwege ein, um in diese Starkwindbänder hineinzukommen, der Extraweg macht sich nämlich auf jeden Fall bezahlt: Bei einem Flug von New York nach Wien etwa muss das Bodenpersonal eines Airbus A330 rund 50 000 Liter Kerosin weniger tanken als ohne Rückenwind. Treibt der Jetstream das Flugzeug zum Beispiel mit 330 Stundenkilometern an, kann der Flug zudem um gut anderthalb Stunden früher beendet werden. Tag für Tag bestimmen daher die Luftfahrtbehörden eigene Routen – abhängig von der Lage des Jetstreams. Diese Flugwege sind dann bei den Transatlantikflügen von den Piloten einzuhalten.

Fliegt das Flugzeug in die andere Richtung, ist es natürlich besser, vom Jetstream Abstand zu nehmen. Denn sonst hätte man fürchterlichen Gegenwind und genau den gegenteiligen Effekt. Piloten suchen sich für den Rückweg also andere Routen, die ihnen die beste Windrichtung garantieren und die geringsten Reibungsverluste verursachen.

Wenn Bergexpeditionen abgeblasen werden

Hunderte Abenteurer versammeln sich alljährlich im Mai und Oktober in der Nähe von Katmandu in Zeltlagern, horchen gespannt den Prognosen der Wetterdienste und warten auf die Gunst der Natur. Sie haben ein Ziel, den höchsten Berg der Erde, den Mount Everest, zu besteigen. 8850 Meter hoch, auf Nepalesisch heißt er Sagarmatha, auf Tibetisch Chomolungma.

Es gibt viele Gründe, den Berg *nicht* zu besteigen: die eisige Kälte, plötzliche Lawinenabgänge, die extrem dünne Luft und der damit verbundene rasche Schwund von Körperwärme. Wieder spielt aber der Wind eine Hauptrolle. Fast das ganze Jahr über jagen nämlich Monsunstürme über die Himalajagipfel.

Geschwindigkeiten über 200 Stundenkilometer sind da keine Seltenheit. In der Höhe zwischen 8000 und 9000 Metern sind ja auch unsere bekannten Jetstreams zu Hause und umschlingen den Mount Everest. Die Natur meint es aber gut mit den Extremkletterern: In den Übergangsmonaten des Monsuns, im Mai und Oktober, kann der Wind nachlassen. Ein paar Wochen haben die Bergsteiger dann Zeit, um beim höchsten Gipfelkreuz der Welt vorbeizuschauen.

Stehen die Zeichen günstig, begeben sich also Expeditionszüge aus aller Welt von einem Camp zum nächsten, immer höher hinauf, bis sie schließlich ganz oben sind, 8850 Meter über dem Meer. Nicht selten kommt es aber vor, dass die Operation Mount Everest abgebrochen werden muss. Trotz Anreise zum richtigen Zeitpunkt spielt der Wind nicht immer mit, sondern pfeift munter weiter – und an einen Aufstieg ist nicht zu denken. Übermut und Unvorsicht kosten immer wieder Bergsteiger das Leben. Über 4000 Menschen (und jedes Jahr werden es mehr) haben den höchsten Erdgipfel schon erreicht, über 150 kamen aber beim Versuch, auf den Mount Everest zu gelangen, ums Leben.

Chris Bonnington, der es bis ganz hinauf geschafft hat, meinte

Berühmte Leute

Der Segelgucker

Für Seemänner war es schon immer wichtig, zu wissen, wie stark der Wind bläst. War Flaute, kam das Schiff nicht voran, das Wasser wurde knapp, und der Proviant ging aus – eine ernste Gefahr. Orkanartige Sturmböen konnten überhaupt das Ende eines Schiffes und seiner Segelmannschaft bedeuten. Die möglichst genaue Einschätzung der Windstärke war und ist von großer Bedeutung. **Admiral Francis Beaufort** (1774 bis 1857) hatte zeit seines Lebens ein besonderes Auge auf die Segel seines Schiffes gerichtet. Er bemerkte, dass zwischen der Anzahl der Segel und der Windstärke ein direktes Verhältnis bestand. Je stärker der Wind wehte, umso weniger Segel konnte man setzen. Nach vielen Jahren der Beobachtung hatte er schließlich 13 verschiedene Windstufen beisammen, das war die Geburtsstunde der Beaufortskala (siehe Seite 44/45).

Woher kommt das Wort «Monsun»?

Das Wort stammt ursprünglich aus dem Arabischen und bedeutet «für die Seefahrt geeignete Jahreszeit». Gemeint sind die Winde, auf die in den Tropen Verlass ist (und auf die sich der Seemann daher freut). Besonders ausgeprägt ist der Monsun in Süd- und Südostasien sowie in Ostafrika. Der Wintermonsun bringt selten Regen und ist eher kalt und trocken. Beim Sommermonsun hingegen streicht der Wind vorher über warme Meeresflächen und bringt etwa in Asien den lebensnotwendigen Regen.

treffend: «Der Wind ist der wahre Feind. Er zerstört deinen Geist, deinen Körper und dein Selbstbewusstsein …»

Die Beaufortskala

Beaufort	Kilometer pro Stunde (km/h)	Auswirkungen am Land	Auswirkungen zur See
< 1	keine	Rauch steigt fast gerade auf	spiegelglatte See
1	1–5	kaum merkbar für das Gefühl; Rauch treibt in Richtung des Windes; Windflügel werden nicht bewegt	kleine, schuppenförmige Kräuselwellen bilden sich, aber ohne Schaum
2	6–11	bewegt einen Wimpel oder Laub, gute Windfahnen zeigen die Richtung an	kurze, gut ausgeprägte Wellen, die nicht brechen
3	12–19	streckt einen Wimpel, setzt Laub und dünne Zweige in ununterbrochene Bewegung	Kämme beginnen zu brechen, glasiger Schaum
4	20–28	setzt Zweige und dünnere Äste in Bewegung; Staub und lockerer Schnee werden aufgewirbelt	längere Wellen, vielfach weiße Schaumkämme

Beaufort	Kilometer pro Stunde (km/h)	Auswirkungen am Land	Auswirkungen zur See
5	29–38	kleinere Laubbäume beginnen zu schwanken, Äste werden in Bewegung gesetzt	ausgeprägtere und lange Wellen, überall Schaumkämme, Wellen mit ausgeprägten Schaumkämmen auf Binnenseen
6	39–49	bewegt große Baummaste, pfeift in Telegrafen- und Telefonleitungen	größere Wellenberge; weiße Schaumkämme breiten sich über größere Flächen aus
7	50–61	ganze Bäume schwanken, behindertes Gehen im Gegenwind	See türmt sich auf und bricht, Schaum bildet Streifen in Windrichtung
8	62–74	bricht Zweige von Bäumen; beschwerliches Gehen im Freien	bedeutende Länge und Höhe der Wellenberge, Schaum legt sich in dichtere Streifen
9	75–88	kleinere Schäden an Häusern, Rauchkappen und Dachziegel werden herabgeweht	(wie 8)
10	89–102	selten im Binnenland; Bäume werden entwurzelt, bedeutende Schäden an Häusern	hohe Wellenberge mit langen Brechern. Die Meeresoberfläche wirkt im Ganzen gesehen weiß vor Schaum
11	103–117	sehr selten im Binnenland	in Sehweite befindliche Schiffe verschwinden hinter Wellenbergen; Meeresoberfläche vollständig von weißem Schaum bedeckt, welcher auch die Luft in solcher Menge erfüllt, dass die Sicht verschlechtert wird
12	118–133	(wie 11)	(wie 11)
13	134–149	dürfte nur auf Bergstationen vorkommen oder in Wirbelstürmen	selten, kommt besonders in tropischen Zyklonen vor

Instrumenten-
park der
meteoro-
logischen
Station Hohe
Warte in Wien

Teil 2 Prophetisch!

Messen, messen, messen

Willst du zum Kreis der Wetterfrösche zählen, gibt es ein ewig gültiges Gesetz: Messen, was das Zeug hält. Meteorologen können nur dann in die Zukunft schauen, wenn sie wissen, wie es in der Gegenwart aussieht. Je mehr gemessen wird, desto besser lässt sich das Wetter vorhersagen. Mit ein bisschen Phantasie könnt ihr euch eure eigene Wetterstation bauen. Oder greift einfach zum Papier-Gimmick in der Buchmitte und bastelt euch einen immer währenden Wetterkalender.

Hier gibt es ein paar Anleitungen.

Temperatur messen in der Thermometerhütte

Nichts leichter als das: Du nimmst ein Thermometer und hängst es am Balkon oder an der Außenseite deines Fensters auf, fertig ist deine Wetterstation. Ganz so einfach ist es aber nicht. Wenn du die Temperatur von so einem Thermometer abliest, kannst du ganz schön in die Irre geführt werden. An einem heißen Sommertag zum Beispiel, wenn die Sonne gnadenlos vom Himmel brennt, steigt das Quecksilber bis in Schwindel erregende Höhen, 60 Grad Celsius und mehr zeigt es dann an. Mit der Lufttemperatur hat diese angezeigte Temperatur nichts mehr zu tun.

Der Temperatur auf der Spur

Lange Zeit war man sich überhaupt nicht im Klaren, wie man die Temperatur messen sollte. So waren noch im 18. Jahrhundert 71 verschiedene Temperaturskalen in Gebrauch. Man wusste einfach nicht, welchen Fixpunkt man für die Temperatur ansetzen sollte. Es gab wilde Theorien: Zum Beispiel wurde vorgeschlagen, die Kellertemperatur im Observatorium in Paris als Maßstab zu nehmen, weil dort die Temperatur immer gleich sei. Eine Idee war sogar, die Temperatur von den Eingeweiden der Kühe als Basis zugrunde zu legen. Durchgesetzt haben sich dann zwei Skalen: die von **Anders Celsius** (1701 bis 1744) und von **Gabriel Fahrenheit** (1686 bis 1736). Als Fixpunkte wurden dabei Siedepunkt und Gefrierpunkt des Wassers genommen. Die Celsius-Skala, die auch wir benutzen, ist in weiten Teilen Europas üblich. In englischsprachigen Gebieten wird dagegen die Fahrenheit-Skala verwendet. Die Umrechnung von Grad Fahrenheit in Grad Celsius ist relativ kompliziert, hier habt ihr ein paar Vergleichszahlen: 0 Grad Celsius sind 32 Grad Fahrenheit, und plus 30 Grad Celsius sind 86 Grad Fahrenheit.

Die Sonneneinstrahlung hat den Wert verfälscht. Was ist also zu tun? Der wahre Meteorologe weiß, wie er seine Temperatur misst: Man hat sich geeinigt, «das Thermometer in einer Hütte in zwei Meter Höhe über dem Erdboden aufzustellen», heißt es in den Richtlinien des Deutschen Wetterdienstes zum Aufbau einer Messstation. Das Thermometer bekommt also eine eigene Hütte, die so genannte Thermometerhütte.

Geschützt in einem kleinen Häuschen, wird die Temperaturmessung nicht von der Sonneneinstrahlung beeinflusst. Ihr seht in der Abbildung auf Seite 47, dass die Hütte feine Schlitze hat. Wären die nicht da, könnte sich im geschlossenen Kästchen die Luft zu sehr erhitzen. Dass sich der Wetterkasten in zwei Meter Höhe befindet, liegt daran, dass das in etwa die Augenhöhe bei uns Menschen ist (zumindest bei den Erwachsenen) und wir in diesem Bereich die Temperatur spüren. Es gibt noch andere Richtlinien für die Temperaturmessung: So soll in zehn Meter Umgebung kein Gebäude stehen und der Boden mit einer kurz geschnittenen Rasenfläche bedeckt sein.

Meistens sind die Thermometergefäße mit Quecksilber oder Alkohol gefüllt. Bei beiden Flüssigkeiten nützt man folgendes Prinzip aus: Wird es warm, dehnt sich die Substanz aus, bei Kälte zieht sie sich zusammen. Würde man Wasser nehmen, gäbe es allein schon das Problem, dass bei 0 Grad und tiefer unser Thermometer einfröre.

Wenn der Ballon steigt

Die Messwut des Meteorologen nimmt kein Ende: Nicht nur die Temperatur im Wetterhäuschen ist interessant, sondern auch die Temperatur in der Höhe. In allen größeren Wetterstationen der Welt wird daher zwei- bis dreimal am Tag ein Ballon auf die Reise geschickt, der mit Helium oder Wasserstoff gefüllt ist. Am Ballon hängt eine kleine Gondel, in der sich Messgeräte befinden, um Druck, Temperatur, Feuchte, Windrichtung und Windgeschwindigkeit zu messen. Der Ballon wird losgelassen und mit Hilfe eines Radargerätes seine weitere Reise verfolgt.

Ein wissenschaftlicher Ballon (ein so genannter Fesselballon), der sich wertvolle Informationen aus der Höhe holt

Der Ballon steigt bis in eine Höhe von 20, manchmal sogar bis auf 40 Kilometer. Hat die Gummihaut am Boden einen Durchmesser von zwei Metern, dehnt sich der Ballon in 30 Kilometern auf 8 bis 15 Meter Durchmesser aus! Irgendwann ist die Oberflächenspannung aber zu groß, der Ballon platzt, und die Gondel segelt mit einem Fallschirm wieder zu Boden. Solltet ihr einen zerplatzten Ballon samt Kästchen finden, könnte das ein Messballon einer Wetterwarte sein. Meistens findet ihr dabei auch eine Adresse, an die ihr den Ballon schicken könnt.

Wie kommt man zu den Messdaten? In der Gondel befindet sich eine kleine Sonde, die laufend Messwerte von Temperatur, Druck, Feuchte und Wind an die Erde sendet. Unten wartet ein Computer, der die Daten aufzeichnet.

Oben hui, unten pfui

Ihr kennt es vielleicht von einem Ausflug in die Berge: Oben am Gipfel ist es normalerweise empfindlich kälter als unten. Es gibt aber Wetterlagen, da ist es genau umgekehrt. Bis zu einer gewissen

Nachgefragt

Was ist Smog?

Smog ist eigentlich ein englisches Kunstwort und setzt sich aus den Worten *smoke* («Rauch») und *fog* («Nebel») zusammen. Smog bildet sich besonders gern über Großstädten: Eine Nebelschicht liegt über der Stadt, die Abgase von Industrie und Verkehr sammeln sich darunter und können nicht entweichen. Die Luftqualität wird immer schlechter und das Atmen immer ungesünder. Stellt sich eine Smog-Wetterlage ein, haben Umweltschutzbehörden Richtlinien herausgegeben: Zuerst dürfen größere Fabriken keine Schadstoffe mehr ausstoßen. Hilft das nichts, wird nach und nach das Autofahren eingeschränkt.

Das Tal steckt im Nebel; auf den Berggipfeln lacht die Sonne

Höhe ist es dann oben wärmer als unten. Das geschieht besonders im Winter: Während wir in den Niederungen frieren und über uns das Einheitsgrau herrscht, lacht auf den Bergen die Sonne bei angenehmen Temperaturen vom Himmel. Das kann passieren, wenn keine Bewegung in den Luftmassen stattfindet und der Nebel wie ein Deckel über den Niederungen liegt.

Normalerweise nimmt die Temperatur mit der Höhe ab, zumindest im unteren Teil der Atmosphäre – der Troposphäre. Ab 8 bis 10 Kilometer, das ist oft die Flughöhe von Langstreckenfliegern, nimmt die Temperatur aber wieder zu, und zwar bis in 50 Kilometer Höhe, diese Schicht heißt Stratosphäre. In der Mesosphäre, zwischen 50 und 80 Kilometer Höhe, ist es wieder umgekehrt, es wird kälter. In der Thermosphäre, der letzten Schicht in unserer Atmosphäre, steigt dann die Temperatur wieder an.

Luftfeuchtigkeit

Wollt ihr genau wissen, wie trocken oder feucht die Luft ist, müsst ihr die Luftfeuchtigkeit bestimmen. Sie wird in Prozent angegeben. Erreicht sie 100 Prozent, dann ist die Luft mit Feuchte voll gesogen, mehr geht nicht. Man sagt dann auch: Die Luft ist gesättigt. 100 Prozent Feuchte hat die Luft bei Nebel oder wenn es lange regnet. Wenn im Sommer die Luftfeuchtigkeit groß ist, spricht man von schwülem Wetter. Man merkt das auch daran, dass man unaufhörlich schwitzen muss.

Für die Messung der Luftfeuchtigkeit gibt es mehrere Methoden. Da gibt es zunächst mal das Psychrometer. Was kompliziert klingt, ist relativ einfach: Man nehme zwei Thermometer. Eines wird feucht gehalten, indem über das Thermometer ein nasser Strumpf gehüllt wird. Damit das Thermometer nicht austrocknet, wickelt man einen Docht wie eine Schleife um das Messgerät und lässt ihn dann in einer kleinen Wasserschale enden. An der Differenz zwischen der Temperatur des trockenen und des feuchten Thermometers kann man dann mit Hilfe einer Zahlentabelle nachsehen, wie groß die Feuchtigkeit ist.

Eine andere Möglichkeit bietet das Haarhygrometer. Zutaten: ein paar Haare von Mensch, Schaf oder Pferd. Das Haar wird entfettet, bekommt ein Alkoholbad und wird nachher mit destilliertem Wasser gewaschen. Ein so präpariertes Haar hat eine besondere Eigenschaft: Wird es feuchter, verlängert es sich, wird es trockener, zieht es sich zusammen. Die Tabelle zeigt euch die Änderung der Länge des Haares mit der Feuchte an.

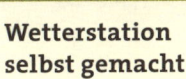 

Experimente

Wetterstation selbst gemacht

Um vernünftig die Temperatur ablesen zu können, ist Folgendes zu beachten: Das Thermometer darf nicht der Sonne ausgesetzt sein. Vielleicht baut ihr euch auch einen kleinen Unterstand für die Messgeräte. Ihr braucht dazu nur zwei Holzbretter, die im rechten Winkel zueinander stehen. Dann klemmt ihr das Thermometer mit Nagel oder Klebeband an das Brett. Jetzt müsst ihr nur noch ein geeignetes – möglichst schattiges – Plätzchen für eure Wetterstation finden. Für alle, die lieber im Trocknen bleiben, sei der Bastel-Gimmick in der Buchmitte empfohlen: An dieser Wetterstation aus Papier könnt ihr täglich einstellen, was am Wetter und an der Jahreszeit gerade so zu beobachten ist.

Feuchte	0	10	20	30	40	50	60	70	80	90	100%
Haarverlängerung	0	20,9	38,8	52,8	63,7	72,8	79,2	85,2	90,5	95,4	100%

Der Meister des Messens

Galileo Galilei (1564 bis 1642) war ein ganz großer Wissenschaftler. Er forschte im Bereich der Physik und Astronomie und hatte sein Leben lang großen Spaß, zu experimentieren und zu messen. Kaum verwunderlich, dass von ihm der Satz stammt: «Messen, was messbar ist, und was nicht messbar ist, messbar machen.» Er erfand auch ein Thermometer. Galilei machte sich zunutze, dass Flüssigkeiten verschiedene Dichten haben. In einem großen Gefäß mit Flüssigkeit ließ er mehrere Glaskugeln herumschwimmen. Jede Kugel hatte eine andere Dichte und wurde mit einer Temperaturzahl vermerkt. Wurde es zum Beispiel wärmer, stiegen die Kugeln mit höheren Temperaturen auf. Sehr genau waren diese Galilei-Thermometer aber nicht und ließen sich auch nur für einen kleinen Temperaturbereich anwenden.

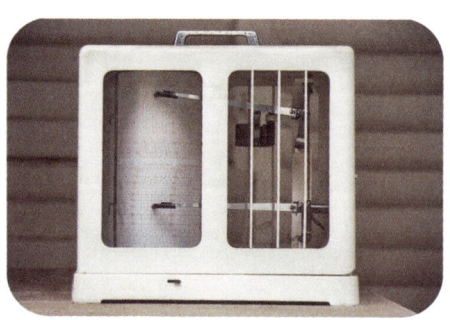

Tritt die maximale Haarverlängerung ein, bedeutet dies, dass das Haar insgesamt um 2,5 Prozent länger geworden ist als vorher.

In Museen könnt ihr manchmal solche Haarhygrometer sehen. Sie stehen meist – leise vor sich hin tickend – in einer Ecke des Ausstellungsraum. Für das Museum ist es sehr wichtig, dass der Raum nicht zu feucht oder zu trocken wird, da sonst die kostbaren Ausstellungsstücke zu Schaden kommen.

Wind

Bei der Windmessung sind die Richtung und die Stärke des Windes zu berücksichtigen. Für die Bestimmung der Windrichtung stellt man zum Beispiel den guten alten Wetterhahn auf. Unten an seinen Füßen sind die vier Himmelsrichtungen starr montiert, der Hahn dreht sich nun mit dem Wind, und ihr könnt die Richtung ablesen.

Und sicher sind euch schon Windfahnen an der Autobahn begegnet. Sie sehen aus wie überdimensionale, löchrige Strümpfe. Die Autofahrer können damit die Windstärke abschätzen, was zum Beispiel bei starkem Seitenwind sehr wichtig ist.

Hygrometer

Wie weiß man, von wo der Wind kommt, wenn man kein Instrument hat? Ein Merksatz hilft euch weiter: «Im Osten geht die Sonne auf, im Süden nimmt sie ihren Lauf, im Westen will sie untergehn, im Norden ist sie nie zu sehn.» Ihr müsst nämlich erst einmal die Himmelsrichtungen kennen, wenn ihr die Windrichtung bestimmen wollt. Denn es geht immer danach, von wo der Wind kommt. Bei Westwind kommt der Wind *von* Westen und bläst *nach* Osten. Südwind bedeutet: von Süden nach Norden usw.

Oft sieht man einen Wetterhahn oder eine Windfahne am Dach eines Hauses oder auf einem Schuppen. Dort gehören sie auch hin. Am besten ist es nämlich, die Windmessung nicht zu weit unten am Boden vorzunehmen, weil der Wind da zu sehr abgebremst wird. Meteorologische Stationen messen den Wind in zehn Meter Höhe, und rundherum sollten keine höheren Gebäude stehen, auch die würden die Messung verfälschen.

An einer Wetterstation wird der Wind mit einem *Anemometer* (das lateinische Wort für «Windmesser») erfasst. Dabei drehen sich drei bis vier halbkugelförmige Schalen, die an einer Stange befestigt sind. Ein Zeiger misst dann – je nachdem, wie schnell sich die Halbkugeln drehen – die Windgeschwindigkeit. So ein Anemometer habt ihr vielleicht schon im Fernsehen bei Skisprungübertragungen gesehen. Ist die

Nachgefragt

Wie funktioniert eine automatische Wetterstation?

Es gibt Wetterstationen, die sämtliche Messgrößen erfassen und dir auch gleich die Wetterprognose mitliefern. Aber Vorsicht! Die Regeln, die für normale Messgeräte gelten, sind natürlich auch bei digitalen Wetterstationen zu beachten – also zum Beispiel die Messfühler nicht ungeschützt der Sonne aussetzen.

Für den wahren Meteorologen sind Messgeräte aus Pferdehaar und Quecksilber immer noch nicht durch rein digitale Messstationen zu ersetzen, da sie meistens robuster sind und ohne Strom auskommen.

Sprungschanze gesperrt, weil zu viel Wind geht, werden oft als Pausenfüller die sich drehenden Halbkugeln gezeigt.

Druck

Während Temperatur, Wind und Feuchtigkeit greifbare Messgrößen sind, ist die Sache beim Luftdruck schon schwieriger. Ohne Instrument ist nur schwer herauszubekommen, ob der Luftdruck hoch oder niedrig ist. Und was ist mit Luftdruck überhaupt gemeint? Irgendetwas muss offensichtlich drücken. Tatsächlich drückt die ganze Luftmasse der Atmosphäre auf den Boden. Das liegt an der Schwerkraft der Erde, die diese Luftpaketmassen anzieht. Der Druck wird meist in Hektopascal (hPa) angegeben. Je weiter man von der Erde weg ist, umso geringer ist der Druck. Das lässt sich leicht nachprüfen, wenn man sich den Luftdruck von ein paar Bergstationen ansieht: Auf der Zugspitze, dem höchsten Berg Deutschlands in 2963 Meter Höhe, misst man etwa 690 hPa, am Mont Blanc, dem höchsten Berg Europas in 4807 Meter Höhe, 555 hPa, und auf dem Mount Everest auf 8850 Meter ist der Druck nur noch 350 hPa – ein Drittel des Drucks in Meereshöhe. Druckänderungen bekommt ihr auch dann zu spüren, wenn ihr rasch Höhenmeter überwindet, wie in der Seilbahn oder im Flugzeug: Die Ohren sausen, und man hört nicht mehr so gut – der Druckausgleich findet in deinem Körper erst nach und nach statt.

Auch zum Druckmessen kann der Meteorologe Quecksilber gut gebrauchen: Das Gerät heißt Quecksilberbarometer. Quecksilber

Nachgefragt

Was ist ein Höhenmesser?

Ihr kennt so ein Gerät sicher, ob an einer Uhr oder in Taschenformat. So ein Höhenmesser ist faszinierend, kann er dir doch auf den Meter genau anzeigen, in welcher Höhe du dich befindest. Das kann das clevere Gerät nur, weil es gleichzeitig ein Barometer ist. Bevor man zusammen mit einem Höhenmesser eine Bergtour unternimmt, muss man die geographische Höhe einstellen (man nennt das «eichen»). Und schon gibt dir das Gerät die genaue Position an – dem Druck sei Dank.

dehnt sich aus oder zieht sich zusammen nicht nur bei sich ändernden Temperaturen, sondern auch bei unterschiedlichem Druck. Willst du von solch einem Gerät den Druck ablesen, musst du gleichzeitig auch die Temperatur bestimmen, um so richtig zu messen. Die Sache ist also relativ kompliziert. Einfacher wird's, wenn man das Barometer in einen Raum stellt, der immer gleich temperiert ist.

Neben der Angabe in Hektopascal, gibt es aber auch die Einheiten Millibar (mbar), Millimeter Quecksilber (mmHg) oder auch Torr. Bei Millibar und Hektopascal gibt es keinen Unterschied, also: 1 mbar = 1 hPa. Auch Torr und Millimeter Quecksilber gehören zusammen: also 1 Torr = 1 mmHg. Es gilt noch: 1 mbar = ¾ mmHg. Seht euch einmal zu Hause um, vielleicht hängt ja auch bei euch eine Wetterstation, um Temperatur, Feuchte und Druck zu messen. Oft findet sich auf dem Barometer auch ein drehbarer Zeiger. Habt ihr den Druck abgelesen, schreibt ihr euch den Wert auf oder stellt den Zeiger auf den gemessenen Wert. Am nächsten Tag habt ihr dann den Vergleich, ob der Druck gefallen oder gestiegen ist. Da der Druck draußen wie drinnen derselbe ist, ist es egal, wo ihr euer Barometer aufstellt.

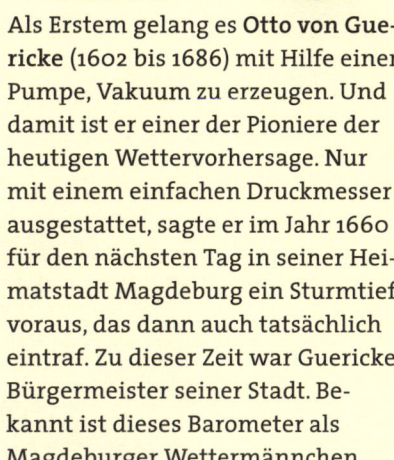

Berühmte Leute

Der erste Wetterprophet

Als Erstem gelang es **Otto von Guericke (1602 bis 1686)** mit Hilfe einer Pumpe, Vakuum zu erzeugen. Und damit ist er einer der Pioniere der heutigen Wettervorhersage. Nur mit einem einfachen Druckmesser ausgestattet, sagte er im Jahr 1660 für den nächsten Tag in seiner Heimatstadt Magdeburg ein Sturmtief voraus, das dann auch tatsächlich eintraf. Zu dieser Zeit war Guericke Bürgermeister seiner Stadt. Bekannt ist dieses Barometer als Magdeburger Wettermännchen.

Eine einfache Wetterprognose

Habt ihr den Druck an zwei aufeinander folgenden Tagen gemessen, könnt ihr vergleichen: Ist der Druck gefallen oder gestiegen? Bei Druckanstieg habt ihr ein Zeichen dafür, dass sich das Wetter bessert. Geht's Richtung Druckfall, wird das Wetter eher schlechter. Probiert es aus: Nicht immer werdet ihr natürlich richtig lie-

Das Magdeburger Wettermännchen

gen. Aber: Ihr seid auf dem Weg zu eurer ersten Wetterprognose!

Als es noch keine Computer gab, machte man das übrigens auch nicht anders. Schon im 17. Jahrhundert machte Otto von Guericke erste Druckversuche und baute das Magdeburger Wettermännchen (siehe links).

Um 1850 war es durch die Erfindung des Telegrafen möglich geworden, die

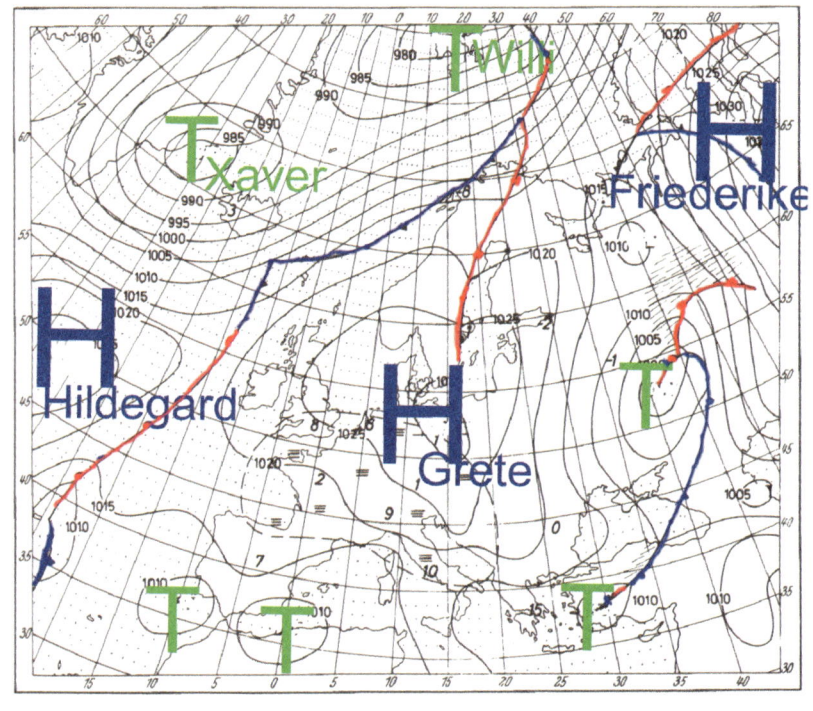

Wetterkarte mit Hoch- und Tiefdruckgebieten. Gerade ziehen Friederike, Grete, Hildegard, Willi und Xaver als Hochs und Tiefs über Europa

Druckwerte von einem Tag zum nächsten aufzuzeichnen. Ihr könnt euch das so vorstellen: An möglichst vielen Stationen wurde der Druck regelmäßig abgelesen, über Telegrafen vermittelt und gesammelt. Alle Druckwerte wurden dann in eine Karte eingetragen. Stationen, die denselben Druck hatten, wurden mit einer Linie verbunden. Und aus diesen Drucklinien entwickelte sich nach und nach eine Wetterkarte. Das Prinzip funktioniert auch heute noch so: Die Linien in so einer Karte nennt man *Isobaren* (lateinisch für «gleicher Druck»). Links seht ihr so eine Karte für ganz Europa. Hat man alle Linien zusammen, ergeben sich Kreise, und in die werden die Buchstaben H und T eingetragen. Das sind die allseits beliebten Hochs und die unbeliebten Tiefs. Stationen, die einen sehr hohen Luftdruck messen, befinden sich in Hochdruckgebieten (H), bei tiefem Luftdruck stammen die Stationsdaten aus Tiefdruckgebieten (T). Der Standarddruck ist der Druck, der weder zu einem Hoch noch zu einem Tief zählt. Er liegt bei 1013,5 Hektopascal.

Beim Deutschen Wetterdienst hat es sich eingebürgert, den Hochs und Tiefs Vornamen zu geben. In einem Jahr sind die Hochs männlich und die Tiefs weiblich, im nächsten Jahr ist es umgekehrt. Heute wird natürlich nicht mehr viel mit der Hand gezeichnet. Computer haben dem Meteorologen das Zeichnen der Drucklinien abgenommen.

Das macht die Wetterstation komplett

Die wichtigsten Größen haben wir jetzt schon gemessen. In einem Instrumentenpark findet ihr aber noch andere Messgeräte, und zwar:

- für Regen und Schneefall
- für die Temperatur im Boden
- für die Sonneneinstrahlung

Wetter vorhersagen

Die verschiedenen Instrumente kennen wir nun schon. Aber was passiert mit den Messungen?

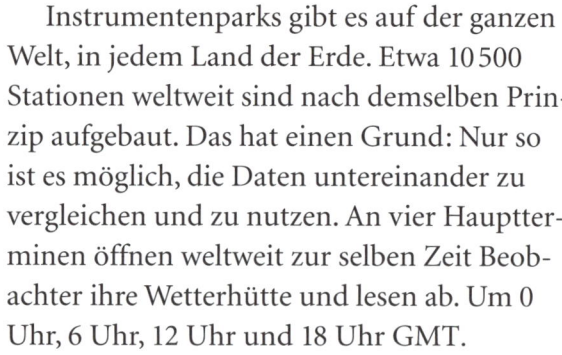

Instrumentenparks gibt es auf der ganzen Welt, in jedem Land der Erde. Etwa 10 500 Stationen weltweit sind nach demselben Prinzip aufgebaut. Das hat einen Grund: Nur so ist es möglich, die Daten untereinander zu vergleichen und zu nutzen. An vier Hauptterminen öffnen weltweit zur selben Zeit Beobachter ihre Wetterhütte und lesen ab. Um 0 Uhr, 6 Uhr, 12 Uhr und 18 Uhr GMT.

Neben den vielen fixen Wetterstationen gibt es in den großen Ozeanen auch noch einige Wetterschiffe sowie Handelsschiffe, die Messungen durchführen. Mindestens zweimal

Von oben nach unten: Messanlage für die Bodentemperatur, Windmesser, Regenmesser, Schneemesser

am Tag verlassen an etwa 1000 Stationen in der Welt Ballons die Erde und steigen auf, um bis an das obere Ende der Atmosphäre wertvolle Daten über Temperatur, Luftdruck, Feuchte und Wind zu sammeln.

Stationen aller Länder vereinigt euch

Pyranometer: Damit wird die Sonnenstrahlung gemessen

Der Beobachter schreibt seine Messungen auf und schickt sie an mehrere Sammelstellen. Es gibt drei große zentrale Datensammelstationen weltweit: in Moskau, Washington und Melbourne. Die Informationen, die dorthin kommen, sollen möglichst kurz und für jeden verständlich sein. Die Meteorologen haben sich daher einen Code zurechtgelegt, der mit Hilfe eines Wetterschlüssels wieder entziffert werden kann. Das sind täglich riesige Datenmengen, sie sind aber auch enorm wichtig. Ohne die Messdaten der einzelnen Länder käme es zu keiner Wettervorhersage, sie müssen daher ohne große Verzögerung geliefert werden.

Die Wetterdaten werden nun in den Computer gespeist. Es handelt sich aber nicht um irgendwelche Computer – die Meteorologen verwenden die größten Rechner der Welt! Im Jahr 2002 etwa besaß der Deutsche Wetterdienst einen Computer, der eine Rechnergeschwindigkeit von 1900 Giga-FLOPS hatte.

Damit könnte der Computer pro Sekunde 1000 Milliarden Rechenoperationen durchführen! Gefüttert wird dieser Super-

Nachgefragt

Wer bestimmt die Weltzeit?

Bei den Uhrzeiten hat man sich weltweit auf einen fixen Bezugspunkt geeinigt: die «Greenwich mean time», kurz GMT oder auch Weltzeit genannt. In der heutigen Zeit, wo alles auf Millisekunden genau sein muss, fand man eine mit Atomuhren geeichte Fixzeit, genannt «universal time code» oder kurz UTC. GMT und UTC unterscheiden sich aber im Jahr nur um Bruchteile von Sekunden. Wetterbeobachter richten sich also nun nach dieser UTC- oder GMT-Zeit. In Deutschland muss man im Winter zur Weltzeit eine Stunde addieren, in der Sommerzeit zwei Stunden. Ein Wetterbeobachter in Sydney, der um 0 Uhr UTC-Zeit messen soll, kann das gemütlich nach seinem Frühstück tun, 0 Uhr UTC ist bei ihm 10 Uhr im Winter und 11 Uhr im Sommer.

computer mit zahllosen Wetterdaten. Heraus kommt, nach vielen, vielen Rechnungen: die Wetterprognose! Der Meteorologe erhält Wetterkarten und einen Haufen von Zahlentabellen auf seinen Tisch. Die Wetterprognose kann beginnen.

Ach ja, eins noch vorweg: Obwohl den Wetterpropheten die allerbesten und größten Computer zur Verfügung stehen, kann der Computer sich irren. Irren ist also nicht nur menschlich, sondern auch dem Computer eigen. Damit die Wetterprognose mit dem Rechner nicht zu einem Giga-Flop wird, lässt der Meteorologe sein ganzes Wissen und eine anständige Portion Gefühl einfließen. Zudem stehen ihm noch ein paar andere Hilfsmittel zur Verfügung.

Wie die Satelliten die Erde sehen

Wenn ihr nach den Nachrichten den Wetterbericht verfolgt, sind euch die Bilder von verschiedenen Wolkensystemen vertraut, die über den Bildschirm schwirren. Während der Moderator von Hochs und Tiefs berichtet, läuft der Satellitenfilm ab. Wie kommen solche Bilder zustande?

Begonnen hat alles 1960. Am 1. April schickten die Amerikaner den ersten Satelliten in die Umlaufbahn der Erde. Damit wurde es erstmalig möglich gemacht, Bilder in regelmäßigen Abständen von der Erde zu schießen. Und die gaben wichtige Hinweise auf die Verteilung der Wolken.

Auf 36 000 Kilometer Höhe schwirren Satelliten herum, die immer vom selben Ausschnitt der Erde Fotos machen. Mehrere Länder schließen sich zusammen, um mit ihrem Satelliten einen bestimmten Fleck von der Erde fotografiert zu bekommen. In Europa heißt der Weltraumfotograf *Meteosat*. Alle 30 Minuten (ab dem Jahr 2003 sogar alle 15 Minuten) wird ein Bild auf die Erde gefunkt. Stückelt man die Bilder über mehrere Stunden zusammen, kommt man zu einem kleinen Film, so wie ihr ihn aus dem Fernsehwetter kennt.

Würde der Satellit aber nur Fotos von den Wolken machen, hätte er genauso wie die Menschen auf der Erde ein Problem: Fotos lassen sich in der Nacht ohne Blitz nicht schießen. Der Weltraumblitz, der ganz Europa beleuchten könnte, den gibt es noch nicht. Man bedient sich aber eines ausgeklügelten Tricks. Wie ihr beim Kapitel über die Wolken schon gesehen habt, haben die Wolken je nach Höhe verschiedene Temperaturen. Hohe Wolken sind kälter als tiefe Wolken. Der Satellit misst die Temperaturen der Wolken, und so lässt sich auch das Wolkenbild konstruieren. Es gilt: Je heller die Graustufen am Satellitenbild, umso kälter, also umso höher auch die Wolken. Schwarz bedeutet meist, dass es gar keine Wolken gibt, der Satellit misst dann die Temperatur an Erd- oder Meeresoberfläche.

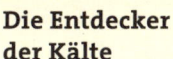

Berühmte Leute

Die Entdecker der Kälte

Kaltfronten gehören fast zu jedem Wetterbericht dazu. Sie wurden erst im 20. Jahrhundert entdeckt. Um 1917 war es so weit, die Norweger **Vilhelm Bjerknes** (1862 bis 1951) und **Tor Bergeron** (1891 bis 1977) begannen, das Wetter mit Hilfe von Fronten zu beschreiben. Sie lehrten an einem wissenschaftlichen Institut im norwegischen Bergen. Damals befand man sich im Ersten Weltkrieg und wählte daher auch in der Meteorologie kriegerische Ausdrücke. Mit «Fronten» sind Luftmassengrenzen gemeint. Bei einer Kaltfront wird warme Luft durch kalte ersetzt. Die Grenze dieser beiden Luftmassen lässt sich relativ gut festlegen und auch einzeichnen – sie wird blau markiert und mit Dreiecken gespickt (siehe auf Seite 56). Zieht einmal eine Kaltfront durch, dreht oft der Wind, der Luftdruck beginnt zu steigen, und kräftige Regenschauer oder sogar Gewitter gehen nieder. Nach der Front ist es bedeutend kälter. Hört der Regen auf, wird auch die Sicht rasch besser.

Der Satellit hat wieder ein Foto geschossen: Wetterlage über Amerika am 21. Juni 1998 um 20 Uhr

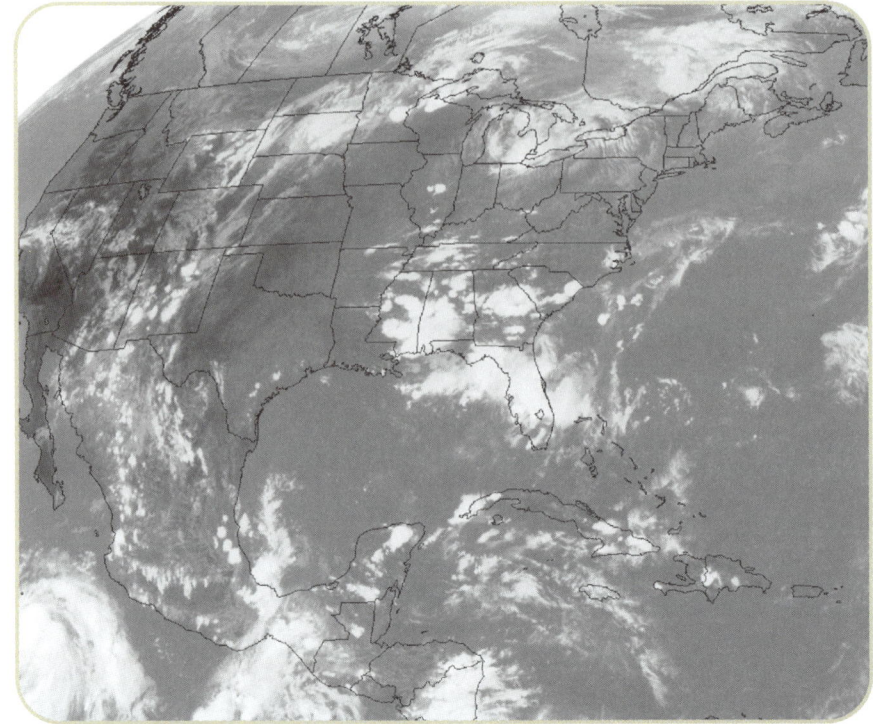

Auf dem Satellitenbild sieht man das Wolkenbild über Europa und Nordamerika vom 20. Oktober 1998 um 14 Uhr

Das Wetterradar

Ihr habt bestimmt schon von Radargeräten gehört, wenn von Flugzeugen die Rede ist. Fluglotsen weisen die Piloten mit Hilfe von Radargeräten beim Landean- und Landeabflug ein. Am Bildschirm erkennt der Lotse die verschiedenen Flugzeuge, die gerade im näheren Luftraum des Flughafens unterwegs sind. Was das mit Wetterradar zu tun hat? Der Fluglotse ist in dem Fall der Meteorologe, die Flugzeuge sind die Regentropfen. Im Umkreis von 100 Kilometern erkennt so ein Radar die Tröpfchen, die zu Boden fallen. Das Radar sendet über elektromagnetische Wellen ein Signal aus. Stößt es auf einen Wassertropfen, wird die Welle reflektiert. Die zurückgestoßene Welle wird dann wieder vom Radargerät gemessen. Das Ganze ist relativ kompliziert, und es bedarf einiger Übung, die Regentropfen-Messungen eines Radargerätes richtig zu lesen.

Gerade bei sehr kurzen Zeitspannen ist das Wetterradar gut geeignet, die Verlagerung einer Regenzone exakt vorherzusagen.

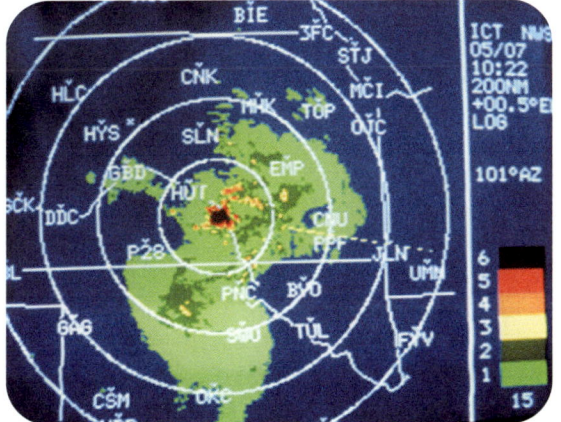

Wetterradar in Amerika. In den blauen Bereichen ist es trocken, Grün bedeutet leichter Regen, im Zentrum der Radarzielscheibe zeigen rote Farben kräftige Regenschauer an

Wer ist am aktuellsten?

Die Wahl, welchen Wetterbericht ihr verfolgen wollt, kann euch niemand abnehmen. Am besten, ihr testet selbst aus, welche Prognose für eure Region gut stimmt. Als Tipp: Je neuer die Prognose, umso genauer. Schaut also, dass ihr einen Wetterbericht bekommt, der erst vor kurzem erstellt wurde. Normalerweise sind die Berichte im Radio und Fernsehen genauer als in den Zeitungen, da die ja schon am Vortag gedruckt wurden. Im Internet gibt es Anbieter, die immer aktuell sind, und solche, die auch schon am Vortag ihre Wettervorhersage ins Netz stellen. Also immer gut auf das Veröffentlichungsdatum achten!

Das Wetter heute, morgen und die nächsten Tage

Die wohl kürzesten Wettervorhersagen werden auf den Flughäfen weltweit erstellt. Hier wird das Wetter oft nur für die nächsten Minuten und Stunden vorhergesagt. Piloten, die landen und starten, wollen über das Wetter genau Bescheid wissen. Eine verantwortliche Aufgabe für den Meteorologen.

Auch für Sportveranstaltungen will man das Wetter oft nur für eine kurze Zeit im Griff haben. Bei Autorennen, zum Beispiel in der Formel 1, haben viele Teams eigene Meteorologen, die bei der Entscheidung mithelfen, ob die Regenreifen ausgepackt werden müssen oder die Rennpiste weiter trocken bleibt. Apropos Piste: Auch Skirennen hängen natürlich eng mit dem Wetter zusammen. Nicht selten werden Skirennen vor- oder zurückverlegt, wenn der Wetterbericht so günstigere Bedingungen verspricht.

Am bekanntesten ist wohl die Wetterprognose im Fernsehen oder Radio, wo ein bis fünf Tage in die Zukunft geschaut wird, manchmal sogar länger. Auch Zeitungen und Internet sind inzwischen Schauplätze für die Wetterprognose geworden.

Was der Flügelschlag eines Schmetterlings anrichten kann

Es gibt nur wenige Meteorologen, die sich an eine Wetterprognose über mehr als eine Woche trauen. Die absolute Grenze für Wettervorhersagen liegt bei zehn Tagen. Ein Blick in die fernere Zukunft ist fast nicht möglich. Der Grund dafür: Das Wetter ist zu chaotisch, um es länger vorauszusehen. Oft wird für das chaotische Verhalten des Wetters ein Vergleich herangezogen. Stell dir eine duftende Sommerwiese vor. Von einer Blume hebt ein bunter Schmetterling ab und flattert an dir vorbei. Dieser Schmetterling könnte gerade etwas verursacht haben: einen Wüstensturm in der Sahara oder heftige Regenfälle in Indonesien. Denn theoretisch könnte gerade diese klitzekleine Bewegung des Schmetterlings, dieser eine Flügelschlag, den zusätzlichen Windhauch gebracht haben, der das ganze Wettersystem umschlagen lässt: Statt eines Hochs entwickelt sich plötzlich doch ein Tief. Je weiter weg der Vorhersagezeitraum liegt, desto größer ist also auch die Wahrscheinlichkeit, dass der Flügelschlag eines Schmetterlings so etwas erzeugt.

Schaut man also zu weit in die Zukunft voraus, kommen keine sinnvollen Ergebnisse mehr heraus. Deshalb lässt man's lieber. Wenn ihr irgendwo lesen oder hören solltet, dass jemand weiß, wie die nächsten Wochen, Monate oder gar der nächste Sommer oder Winter wird: höchste Vorsicht! Zuverlässig sind solche Prognosen selten. Es gibt zwar heute schon Versuche, zum Beispiel die Lufttemperatur längerfristig abzuschätzen, indem man sich die Meeresströmungen ansieht. Die Erfolge sind aber – vorläufig – bescheiden. Eine Ausnahme stellen bestimmte Witterungsregeln der Bauern dar, ihr könnt mehr davon im nächsten Abschnitt lesen.

Warum stimmen Wetterprognosen nicht immer?

Zunächst einmal: Die Wetterprognosen stimmen oft. Das Wetteramt in Großbritannien rechnete vor, dass 80 bis 85 Prozent der Wetterprognosen für den nächsten Tag richtig sind. Das ist viel, mindestens vier von fünf Vorhersagen sind demnach richtig.

Es erscheint einem nicht mehr so viel, wenn man bedenkt, dass das Wetter damit einmal pro Woche nicht richtig vorhergesagt wird. Wie kann das passieren? Die Schuld trifft den Meteorologen nur zum Teil. Sein großer Gehilfe ist der Computer. Verrechnet der sich einmal von Grund auf, kann der Meteorologe noch so viel probieren, es wird ihm nicht gelingen, die Wettervorhersage noch richtig umzudeuten. Können in Zukunft die Prognosen zu 100 Prozent richtig sein? Ein klares Nein. Vielleicht lässt sich die Treffsicherheit der Vorhersage auf 90 bis 95 Prozent steigern, mehr geht aber nicht. Die Natur setzt dem Menschen seine Grenzen. Der Computer wird nie den Meteorologen ersetzen können. Er macht aus den Wetterkarten erst die richtige Wetterprognose.

Wenn Bauern Wetter machen

Seit Jahrhunderten haben die Bauern ein besonderes Interesse daran, das zukünftige Wetter zu kennen. Der Grund ist einleuchtend: Brennende Fragen wie «Wann muss gegossen werden, wann das Gras gemäht und wann die Ernte eingeholt werden?» können nur beantwortet werden, wenn man das Wetter kennt. Nicht zuletzt ist das ein Grund dafür, dass sich die Bauern ein paar eiserne Regeln geschaffen haben, die so genannten Bauernregeln. Damit versuchen sie, das Wetter morgen, für die nächsten Tage, Monate, sogar fürs nächste Jahr zu erraten. Der 100-jährige Kalender will sogar das Wetter für ein ganzes Menschenleben vorhersagen.

Hier ein paar Anhaltspunkte, welche Regeln Humbug sind und welche eine Hilfe sein können.

Woher der Wind weht

Viele Bauernregeln sind auf eine bestimmte Region beschränkt, meist auf den deutschsprachigen Raum, einige aber auch nur auf Süd- oder Norddeutschland. Eine Regel lässt sich gut für ganz Deutschland aufschreiben: Schau, von wo der Wind kommt – «Das Wetter kennt man am Winde wie den Herrn am Gesinde», lautet eine Bauernregel. Und wirklich lässt sich für die verschiedenen Himmelsrichtungen ein besonderer Wettercharakter ablesen. Weht Westwind, strömt die Luft von Westen herein – und westlich von Deutschland liegt der Atlantische Ozean. Da es dort viel Wasser gibt, bringt der Westwind oft feuchte Luft, viele Wolken und auch Regen. Der Ostwind, also Wind von Osteuropa und Asien, ist meistens sehr trocken, es fehlt das Meer, wo die Luft Feuchtigkeit ansaugen könnte. Ostwinde bedeuten also Trockenheit, regnen wird es kaum.

Der Südwind bringt warme Luft vom Mittelmeer oder von Afrika. Auch hier sorgt das Meer für viel Feuchte. Die Luftmassen, die der Südwind nach Deutschland bringt, sind also eher feucht.

Schließlich noch der Nordwind. Vom Norden her kommt kalte, trockene Luft zu uns, man spricht von Polarluft, die der Nordwind hereinbringt. Die Bauern haben diesen Winden viel Beachtung geschenkt, und die Regel «Der Nordwind ist ein rauer Vetter, aber er bringt beständig Wetter» stimmt mit der Beobachtung überein. Der Nordwind ist zwar kalt, bringt aber kaum Regen.

Ihr könnt euch also einen ganz guten Überblick verschaffen, wenn ihr wisst, von wo der Wind weht.

Tiere als Wetterboten

«Siehst du die Schwalben niedrig fliegen, wirst du Regenwetter kriegen», heißt eine Bauernregel. Tatsächlich haben Wissen-

Eine Schwalbe macht noch keinen Sommer ...

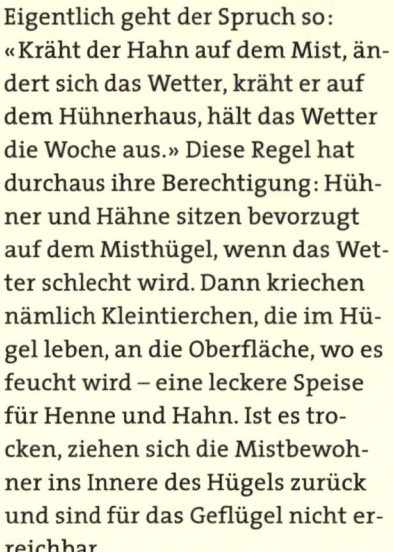
schaftler herausgefunden, dass bei nahendem Schlechtwetter viele Vögel und auch Schwalben in Bodennähe herumschwirren. Sie machen das aber nicht, um uns Menschen freundlicherweise vor Schmuddelwetter zu warnen. Ist der Regen nahe, fliegen viele Insekten ebenfalls näher an der Erdoberfläche, und die stehen wiederum auf dem Speisezettel der Vögel. Bei schönem und sonnigem Wetter werden Mücken, Fliegen und Co. mit der aufsteigenden warmen Luft nach oben transportiert. Fehlt die Sonneneinstrahlung und Schlechtwetter kündigt sich an, senken sich die Luftmassen ab: und mit ihnen die Insekten – und natürlich die Schwalben.

Ähnliches gilt auch für Fische: «Wenn die Fische im Wasser emporspringen, gibt's Regenwetter.» Auch sie nutzen es aus, dass es die Insekten bei Schlechtwetter eine Etage weiter nach unten zieht, und machen große Luftsprünge, um Fangerfolge zu feiern. Schließlich ist da noch der Frosch. Auch der hat sein Leben danach eingerichtet, Insekten zu jagen. Und bei schönem Wetter muss er eben höher springen als bei schlechtem Wetter. Das gilt aber nur für die Natur und nicht fürs Gurkenglas.

«Hat der Hase ein dickes Fell, wird der Winter ein harter Gesell.» Hier ist die Erklärung schwieriger nachvollziehbar. Sind im Herbst einige Tage mit richtig kalter Luft eingetreten, stellt sich der Hase darauf ein, und sein Fell wird dicker als gewöhnlich. Der Hase weiß aber nicht, ob ihm deswegen auch wirklich ein strenger Winter bevorsteht. In dieser Regel steckt also auch ein bisschen Wunschdenken mit drin. Wissenschaftler fanden nämlich noch keinen direkten Zusammenhang zwischen dem dicken Fell der Hasen und einem strengen Winter.

Von Schafskälte und Hundstagen

Besondere Beachtung schenken die Bauern bestimmten Tagen im Jahr, die für ihre Ernte wichtig sind. Wenn Mitte Mai die Bäume und Sträucher in voller Pracht dastehen und auch die Felder blühen, trauen die Bauern der Frühlingsstimmung nicht. Denn sie waren noch nicht da, die drei Herren. Pankratius, Servatius und Bonifatius heißen sie, besser bekannt unter dem Namen «die drei Eisheiligen». Zwischen dem 12. und 14. Mai kommen sie vorbei und bringen ungewöhnlich kalte Luft ins Land. Plötzlich sind wieder frostige Nächte zu erwarten, die das Absterben für die schon herausgekommene Vegetation bedeuten kann. Die Bauern kennen die drei Frostmacher nur zu gut, einige Reime sind entstanden: «Der Mai in der Mitte hat für den Winter stets noch eine Hütte.» Oder: «Ehe nicht Pankratius, Servatius und Bonifatius vorbei, ist nicht sicher vor Kälte der Mai.»

Besonders in Süddeutschland und Österreich kommt zu den drei frostigen Herren noch eine unterkühlte Dame dazu: Am 15. Mai, nach den drei Eisheiligen, erscheint nicht selten noch die kalte Sophie, ein weiterer Tag, der viel zu kalt für Mitte Mai ist. Auch hier haben sich die Bauern ihren Reim gemacht. «Vor Nachtfrost bist du sicher nicht, bevor Sophie vorüber ist.»

Auch im Juni gibt es oft ungewöhnlich kalte Tage, man nennt sie «Schafskälte». Schafe vertragen nämlich so eine Kälte nicht immer. Gerade im Frühling, wenn sie frisch geschoren wurden, muss der Bauer aufpas-

Nachgefragt

Was sind die «Hundstage»?

Der Name kommt von einem Sternbild, dem Hundsstern. Gemeint sind die Kalendertage vom 23. Juli bis 23. August, die Sonne steht dann in der Nähe dieses Sterns. Schon die alten Griechen machten den Stern für die sommerliche Hitze verantwortlich. Auch bei uns fallen die heißesten Tage im Jahr oft in diese Zeit.

Der Papst, der ein paar Tage ausließ

Wollte man die Tage im Jahr bestimmen, begnügte man sich viele Jahrhunderte mit dem Julianischen Kalender. Julius Cäsar hatte ihn um 46 vor Christi Geburt im alten Rom entwickeln lassen – und er stimmte auch ganz gut. Nur alle 128 Jahre musste ein Tag verändert werden. Über die Jahrhunderte summierten sich allerdings die zu ändernden Tage, und das für die römische Kirche wichtige Osterfest verschob sich immer weiter in den Sommer hinein. Das störte **Papst Gregor** VIII. (1502 bis 1585) besonders. Er beauftragte mehrere Astronomen, den Kalender zu reformieren und eine genauere Bestimmung der Tage im Jahr zu finden. Heraus kam die gregorianische Kalenderreform, sie wurde in einer päpstlichen Bulle 1582 erlassen. Um gleich richtig mit dem neuen Kalender beginnen zu können, mussten einige Tage übersprungen werden: So folgte damals auf Donnerstag, den 4. Oktober 1582, gleich Freitag, der 15. Oktober 1582 – zehn Tage wurden gestrichen. Dieser Kalender gilt bis heute.

sen, dass sich seine Schäfchen bei einem plötzlichen Kälteeinbruch nicht ordentlich erkälten.

Besondere Aufmerksamkeit sollte man auch dem Wetter Anfang Juli schenken. Zwischen dem 5. und 10. Juli ist die Zeit des Siebenschläfers. Wenn es in dieser Zeit regnet, heißt es: «Ist Siebenschläfer ein Regentag, so regnet's noch sieben Wochen danach.» Gerade in der Sommer- und Ferienzeit ist ein so langer Regen eine furchtbare Vorstellung. Heute weiß man, dass in zwei von drei Fällen ein nasser Siebenschläfertag auch wirklich einen nassen Sommer bringt. In vielen Fällen trifft die Regel also zu. Es gibt aber eine kleine Hintertür, durch die doch noch ein trockener, warmer Sommer hindurchkann.

Viele Bauernregeln werden von Generation zu Generation weitergegeben, so wie Hof und Stall. Da passiert es manchmal, dass sich beim Übertragen der Regeln über die Jahre Fehler einschleichen: So sprechen die Bauernregeln zwar vom Siebenschläfertag, meinen aber nicht den Zeitraum Anfang Juli, sondern den 27. Juni. Grund für diese Verwirrung: Der Stichtag Ende Juni wurde noch zu einer Zeit überliefert, wo es einen anderen Kalender gab. Denn 1582 wurde durch die gregorianische Kalenderreform ein neuer Kalender eingeführt, und von einem Tag auf den anderen wurden im Kalender zehn Tage übersprungen. Der Fehler wurde so über die Jahre mitgeschleppt.

Auch im August gibt es eine Regel, die zu

beachten ist: Sie lautet ganz einfach: «Wie der August war, so wird der künftige Februar.» Meteorologen fanden heraus, dass diese Regel dann zutrifft, wenn der August sehr warm war – dann ist die Wahrscheinlichkeit groß, dass auch der Februar mild wird. Umgekehrt gilt die Regel aber weniger. Ein kalter August lässt also auf keinen frostigen Februar schließen.

Wo der Altweibersommer seinen Namen herhat

«September schön in den ersten Tagen will den ganzen Herbst ansagen.» Auch im September kann man über einen längeren Zeitraum das Wetter erraten. Gern zeigt sich die Natur im beginnenden Herbst noch einmal von ihrer schönsten Seite. Der «Altweibersommer» ist da. Woher kommt der Name eigentlich?

Viele Spinnen nützen diese Zeit, um noch einmal ordentlich ihre Spinnweben zu ziehen, denn es bleibt oft Tage, manchmal auch Wochen trocken und schön. Kommt dann eine frische Herbstbrise, werden die Weben vom Wind zerzaust, und der Eindruck entsteht, als schwebe graues Haar wie von alten Frauen herum. Mit viel Glück kann sich der Altweibersommer sogar bis in den Oktober hinein halten. Das gilt vor allem für die Alpenregionen im Süden Deutschlands, wo dann vom «goldenen Oktober» geschwärmt wird.

Feurige Sonnenauf- und Sonnenuntergänge sind immer besondere Erlebnisse. Diesen Blicken der Natur kann man sich nicht entziehen. Aber: Kann man aufgrund der Färbung wirklich etwas übers zukünftige Wetter sagen? Zuerst wieder die Bauernregel: «Morgenrot – Schlechtwetter droht. Abendrot – Gutwetterbot.» Eins ist sicher: Je mehr Luft mit Feuchtigkeit angereichert ist, desto feuriger ist das Rot. Eine ausgeprägte Morgenstimmung kann also schon das Anzeichen für einen bevorstehenden Wetterwechsel sein. Erwärmt die Sonne die feuchten Luftmassen, steigen die Luftpakete auf, um Wolken und auch Regen zu erzeugen. Bei Sonnenuntergang fehlt die Sonne. Die Luft ist zwar feucht, ein

eindeutiger Hinweis auf das kommende Wetter ist jedoch nicht zu finden.

Schon besser könnt ihr das Wetter erahnen, wenn ihr um Sonne oder Mond einen «Halo» seht. Ein Halo ist ein weiter, farbiger Ring um Sonne oder Mond. Seht ihr einmal solch ein Naturschauspiel, ist das schlechte Wetter oft nicht mehr weit.

Zeigt sich der Ring *in* einer Wolke, heißt das Ganze Hof. Die Farbkreise werden dann von Sonne und Mond beleuchtet. Höfe sind nicht unbedingt Schlechtwetterboten.

Der 100-jährige Kalender

Abt Moritz Knauer lebte zurückgezogen im Kloster Langheim bei Bamberg. Er wollte den Menschen helfen, und versprach ihnen, über Jahre hinaus das Wetter vorauszusagen. Ein kühner Vorsatz, wie wir heute wissen. Er entwickelte einen Kalender, der

für 100 Jahre gültig sein sollte. Abt Knauer wurde natürlich nicht
100 Jahre alt und konnte daher auch nicht so lange das Wetter
beobachten. Er glaubte, dass sich alle sieben Jahre das Wetter
wiederholen würde. Sieben Jahre deswegen, weil seiner Meinung
nach sieben Planeten das Wetter beeinflussen: Saturn, Jupiter,
Mars, Sonne, Venus, Merkur und Mond. Schon da irrte der Abt. Er
konnte nicht wissen, dass Sonne und Mond gar keine Planeten
sind, aber gut.

Ein weiteres Problem gab es mit den Beobachtungen, die mehr als ungenau waren. Instrumente gab es kaum, das Wetter wurde wie in einem Tagebuch beschrieben.

Von 1652 bis 1658, also genau sieben Jahre, führte Abt Knauer Buch. Dann schloss er sein Werk und schrieb einen Kalender, der das Wetter der nächsten 100 Jahre vorhersagen sollte. Hätte der Abt nur ein Jahr weiter beobachtet, hätte er gemerkt, dass die Dinge nicht so einfach sind und er mit seinem Kalender eine falsche Vorhersage nach der anderen lieferte. Ich sag's euch freiheraus: Der 100-jährige Kalender taugt für eine Wetterprognose nichts, gar nichts! Wissenschaftler haben sich die Mühe gemacht und das Wetter der betreffenden Jahre mit den Vorhersagen des 100-jährigen Kalenders verglichen. Was heraus kam: Mal stimmt es, mal stimmt es nicht …

Der Einfluss des Mondes

Dem Mond wurden schon immer geheimnisvolle Kräfte zugeschrieben, ob bei Gesundheit, Krankheit oder Liebe. Und auch beim Wetter soll er ein gehöriges Wörtchen mitzureden haben. Tut er das? Die Bauernregeln meinen: ja. Hier zwei Beispiele: «Bei Mondwechsel ändert sich das Wetter» oder «Gewitter in der Vollmondzeit verkünden Regen weit und breit». Der Wissenschaftler sagt: eher nein. Vergleicht man das Wetter über Jahre mit den beiden Regeln, ergibt sich kein Zusammenhang. Der Mond spielt sicherlich nicht die große Rolle beim Wettergeschehen, wie die aufgeschriebenen Regeln sie ihm zuschreiben. Gerne wird zum Beispiel der Mondkalender verwendet, um aufgrund der Mondphasen das Wetter zu erraten. Kein Meteorologe kann euch das empfehlen, sie sind oft nicht richtig.

Eine wesentliche Eigenschaft des Mondes ist aber, dass er eine gehörige Anziehung auf die Erde ausübt. 384 000 Kilometer ist der Mond von der Erde entfernt. Das ist zwar viel, aber nicht so viel, dass er nicht einen gewaltigen Einfluss auf unser Leben hätte.

Die Anziehungskräfte von Erde und Mond bewirken in regelmäßigen Abständen ein Heben und Senken der Meeresspiegel. Alle sechs Stunden strömt das Wasser zur Küste und dann wieder zurück. Dieses Spiel des Mondes mit dem Wasser kennt ihr als Ebbe und Flut.

Wenn der Mond so starken Einfluss auf das Wasser hat, wieso dann nicht auch auf die Luftmassen und damit aufs Wetter? Interessanterweise ist das nicht so, denn Luft ist viel leichter als Wasser und die Anziehung des Mondes auf die Luft der Atmosphäre daher viel geringer. Wissenschaftler haben herausgefunden, dass es zwar auch eine Art «Gezeiten» bei der Luft gibt. Der Druckunterschied ist aber sehr gering und beträgt nur ein paar hundertstel Hektopascal. Man könnte die Änderung mit einem normalen Barometer gar nicht verfolgen.

Ein Fünkchen Wahrheit steckt aber doch in dem Glauben, dass der Mond das Wetter beeinflusst. Man fand heraus, dass nach Neumond und Vollmond die Wahrscheinlichkeit für einen bewölkten Himmel größer als normal ist. Die Wissenschaftler können dieses Phänomen aber nicht erklären.

Eine typische
Wüstenlandschaft

Die Sahara
vom Weltall aus
betrachtet

Teil 3 Klimatologisch!

Anderes Klima, andere Sitten

Die Menschen sind schon immer dorthin gezogen, wo sie ein angenehmes Klima fanden. Das ist bis heute so. Wollen wir es warm haben, fahren wir in den Süden. Zum Skifahren dagegen zieht es uns in luftige Höhen. Das saftige Grün im eigenen Garten und ausreichend Trink- und Badewasser sind bei uns zur angenehmen Gewohnheit geworden – dem Regen sei Dank. Über Jahrmillionen hinweg haben sich auf der Erde unsere heutigen Klimazonen entwickelt. Das Wüstenklima in der Sahara, wo man auf Regen monatelang vergeblich wartet, genauso wie die Feuchtklimate im Urwald: die Heimat der Dschungeltiere, wo die Luft mit Feuchtigkeit nur so voll gesogen ist.

In Deutschland und weiten Teilen Europas ist es weder allzu trocken noch allzu nass. Wir leben in der gemäßigten Klimazone mit den vertrauten vier Jahreszeiten Frühling, Sommer, Herbst und Winter.

Kommt mit auf eine Reise in fremde und nicht so fremde Länder und ihr Klima. Und vergesst auf den nächsten Seiten Regenschirm, Badehose, Wintermantel und Sonnencreme nicht. Eine Achterbahnfahrt durch die verschiedenen Klimazonen steht auf dem Programm!

Schluss, aus, basta!

Fahren wir in den Süden Europas, ans italienische Mittelmeer. Die Geografen nennen das Klima hier *mediterran*, was lateinisch so viel wie «mittelländisch» heißt. Gemeint sind die an das Mittel-

Ein Platz mit schattigen Arkaden in Venedig

meer angrenzenden Länder. Das Klima ist trockener und wärmer als bei uns in Deutschland. Das wirkt sich auf das Verhalten und die Lebensgewohnheiten der Menschen dort aus. Im August, wenn die heißeste Zeit in Italien ist, machen immer noch viele Italiener alle Schotten dicht und *ferragosto*, der 15. August, ist in Italien sogar ein Feiertag. In vielen kleineren, weniger touristischen Gegenden gehen die Rollläden der Geschäfte erst wieder im September auf. Und um die Mittagszeit wird sowieso zugesperrt. Zwischen 12 und 17 Uhr heißt es in Italien *chiuso* – «geschlossen». Das hat nichts mit der Faulheit der Menschen zu tun, in dieser Zeit ist es schlicht und einfach zu heiß, um zu arbeiten. Im Sommer bei bis zu 40 Grad wird jede Bewegung zur Qual, und so verlegen die Südländer ihre Arbeitszeit lieber in die Morgen- und Abendstunden, wo die Sonne noch nicht oder nicht mehr diese Kraft hat. Zu Mittag hingegen wird Siesta gemacht und so der Hitze aus dem Weg gegangen.

Milde belächeln die Einheimischen Touristenströme, die genau zu Mittag quer über die großen Plätze ihrer Stadt laufen. Mitten in der prallen Sonne den Platz zu kreuzen mag zwar der kürzeste Weg sein, der Asphalt ist aber hemmungslos der Sonne ausgesetzt und glüht. Wer's probiert hat, weiß: Eine Wüstendurchquerung kann auch nicht schlimmer sein. Die Einheimischen – und clevere Touristen – haben da die bessere Alternative: An den Häuserzeilen der großen Plätze entlang gibt es Schatten spendende und kühlende Arkaden. Nur hier bewegt man sich fort, und das auch nur, wenn es sein muss.

Wo die Sonne gar nicht aufgeht

Genug geschwitzt, machen wir einen weiten Sprung in den Norden Europas: nach Skandinavien. Hier gilt nicht mehr dasselbe gemäßigte Klima wie in Deutschland: Von Breitengrad zu Breitengrad wird es immer kälter. Väterchen Frost hat sich hier sein Reich gebaut. Neben der Kälte haben die Bewohner in den nördlichen Gefilden noch mit anderen Problemen zu tun: Die Tages- und Nachtlängen sind übers Jahr gesehen extremen Schwankungen ausgesetzt. Oberhalb des 67,5. Breitengrades – dem so genannten Polarkreis – gibt es Wochen im Winter, wo die Sonne gar nicht aufgeht.

Könnt ihr euch das vorstellen? Tagelang keine Sonne? Die Menschen sind das natürlich gewohnt und haben sich darauf eingestellt. Die Nordländer wohnen daher oft in besonders liebevoll eingerichteten Häusern, schließlich verbringen sie im Winterhalbjahr fast die ganze Zeit innerhalb ihrer vier Wände.

Im Mai und Juni wendet sich das Blatt: Der Frühling ist kurz, und die Natur muss sich beeilen, ihre Blüten zu öffnen. Eilig haben es auch die Menschen, ihre Häuser zu verlassen und den dunklen Winter zu ver-

Ein typisches Haus in Schweden: viel Holz, wenig Grau

Nachgefragt

Wie wird die Länge und die Breite festgelegt?

Wo immer du auf der Welt bist, du kannst deine genaue Position mit Hilfe von Längen- und Breitengraden angeben. Bei den Längengraden werden Nord- und Südpol mit Linien verbunden. Begonnen wird bei null Grad. Wo man mit null Grad beginnt, ist eigentlich Geschmackssache: 1911 hat man sich geeinigt, dass die null Grad durchs englische Greenwich durchgehen sollen. Von Greenwich aus gehen 180 Längengrade nach Westen, das sind dann die Längengrade westlicher Länge. Und dann noch 180 Längengrade nach Osten: die Längengrade östlicher Länge.

Auch der Breite nach wird durchnummeriert. Null Grad Breite bezeichnet den größten Kreis genau in der Mitte der Erde: den Äquator. Jetzt gehen 90 Grad nach Norden bis zum Nordpol und 90 Grad nach Süden bis zum Südpol. Wichtige Breitengrade sind die Wendekreise (23,5 Grad nördlicher und südlicher Breite) und die Polarkreise (67,5 Grad nördlicher und südlicher Breite).

gessen. Im Sommer ist wieder der Polarkreis die magische Grenze für ein besonderes Phänomen: Die Sonne geht in der Nacht gar nicht unter, für ein paar Wochen ist es oberhalb von 67,5 Grad immer hell! Schon im September jedoch, wenn wir in Deutschland noch warme Spätsommertage genießen, hat die finstere Jahreszeit die Nordländer wieder im Visier, der Winter ist dann nicht mehr weit.

Viel mehr schafft die Sonne nicht. Irgendwo in Finnland, oberhalb des Polarkreises Ende Januar

Ein ungeliebtes Christkind

Verlassen wir Skandinavien und springen über den Großen Teich Atlantik nach Amerika. Hier spielt das Klima manchmal verrückt und bereitet den Wissenschaftlern einiges an Kopfzerbrechen: Der Grund ist ein unerwünschtes Weihnachtsgeschenk. Schon immer lebten die Menschen an den Küsten Südamerikas vom Meer. Tagein, tagaus verlassen Tausende Kutter ihren Hafen, um Fischfang zu betreiben. Peruaner, Kolumbianer, Chilenen oder Ecuadorianer legen ihre Fischnetze aus und machen aus der Meeresbeute bare Münze: Thunfisch, Anchovis, Makrelen, aber auch Krabben liegen dann auf den Fischereimärkten frisch auf dem Tisch.

> «Er war ein alter Mann, der allein in einem kleinen Boot im Golfstrom fischte, und er war jetzt 84 Tage hintereinander ausgefahren, ohne einen Fisch zu fangen ...»

Mit diesen Worten beginnt der Schriftsteller Ernest Hemingway seine Erzählung «Der alte Mann und das Meer», die er 1952 schrieb. Als hätte Hemingway damals schon Bescheid gewusst, was den Fischern in Südamerika in unserer Zeit blühen würde. Denn: In den letzten Jahrzehnten wurde das Geschäft der Fischer immer mehr gestört. Ein eigenartiges Phänomen entwickelte sich von

Mal zu Mal dramatischer. Meist um die Weihnachtszeit bleiben nämlich die gewohnten Fischfänge aus. In den Fischnetzen der Boote herrscht gähnende Leere. Auch die Mäuler hungriger Meeresvögel werden nicht mehr gestopft. Viele Möwen und Guanovögel, aber auch Seelöwen und Pelzrobben finden nicht mehr ausreichend Nahrung und verenden. Nur eine Tierart scheint das küstennahe Gewässer Südamerikas dann zu mögen: Die Einwohner beobachten eine Zunahme von riesigen Hammerhaien.

Viele Fischer sind in ihrer Existenz bedroht. Schuld an der Misere ist das Klima. «El Niño» nennen die Südamerikaner dieses Phänomen, «das Christkind», weil es ausgerechnet um die Weihnachtszeit auftritt, wenn ihre Fischerträge zurückgehen. In den letzten Jahren kamen die Wissenschaftler, vorwiegend Klimatologen und Ozeanologen, der Sache auf den Grund. Das Wasser in der Küstennähe Südamerikas ist während des Ausbleibens der Fische nämlich viel wärmer als normal. Hat das Wasser in gewöhnlichen Jahren um die 20 Grad, liegen die Meerestemperaturen während El Niño bei bis zu 28 Grad.

Die Fische, die an das kalte, nährstoffreiche Gewässer gewöhnt sind, gehen dann entweder an dem zu warmen Meerwasser zugrunde, oder sie können sich noch in kühleres Tiefseewasser retten. Haie hingegen, die normalerweise in diesen Regionen nichts verloren haben, fühlen sich in dem

Zahlen & Rekorde

Tief, tiefer, am tiefsten!

11 700 Meter unter der Meeresoberfläche: der tiefste Ort der Erde. So weit hinunter geht's im Mariana-Graben im Pazifischen Ozean. Das ist 2850 Meter tiefer, als der Mount Everest hoch ist.

Man schätzt, dass im Meer rund 50 000 000 000 000 000 Tonnen Salz aufgelöst sind, das sind 50 Millionen Milliarden Tonnen. Würde man diese Menge Salz auf die gesamte Landoberfläche unserer Erde verteilen, ergäbe das eine Schicht von 166 Meter Salz. Am salzigsten ist es im Roten Meer, wo auf 1 Liter Meerwasser 41 Gramm Salz fallen. Am wenigsten Salz enthält die Ostsee, hier sind es nur 2 Gramm pro Liter Meerwasser. Aber das Meerwasser enthält natürlich nicht nur Salz, sondern auch Sauerstoff, Wasserstoff, Chlor, Natrium, Magnesium, Schwefel, Calcium, Kalium und ein paar tausend Schuhe …

Das wärmste Meerwasser gibt es übrigens in den Gewässern rund um den Äquator, hier bringen 31 Grad Wassertemperatur kaum Abkühlung. Am kältesten ist es im Weddel-Meer in der Nähe der Antarktis. Hier gibt's Dauerfrost bei minus 2,2 Grad.

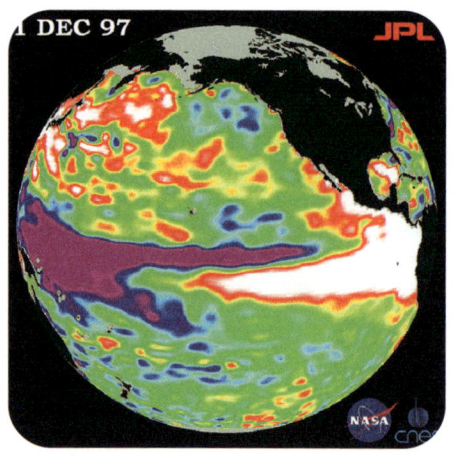

Ihr seht Nordamerika, Mittel- und einen Teil Südamerikas in Schwarz. Die Meere sind je nach ihrer Temperatur in verschiedenen Farben dargestellt. Gelb, Rot und Weiß bedeuten wärmere Wassertemperaturen als üblich. Das wärmste Wasser findet ihr an den Küsten Mittel- und Südamerikas. Es ist gerade die Zeit von El Niño, kurz vor Weihnachten 1997

Nachgefragt

Was sind Passatwinde?

Auf beiden Erdhalbkugeln (die wir auch Nord- und Südhemisphäre nennen) treten die Passatwinde auf. Sie sind äußerst beständig und daher bei den Seeleuten beliebt. Auf der Nordhalbkugel wehen sie als Nordostpassat, auf der Südhalbkugel als Südostpassat.

wärmeren Wasser pudelwohl und drehen daher, während El Niño da ist, liebend gern ihre Runden an der Westküste Südamerikas. Die Wissenschaftler haben auch den Grund für die großen Unterschiede in der Meerestemperatur herausgefunden: Die Strömungsrichtungen des Oberflächenwassers haben sich geändert! Normalerweise sorgen starke Winde – die so genannten Passatwinde – das ganze Jahr über für eine kühle Meeresströmung von der südamerikanischen Küste Richtung Westen. Während der El-Niño-Zeit bleibt der Passatwind jedoch aus, und das Wasser strömt genau in die entgegengesetzte Richtung: Von Westen fließen plötzlich deutlich mildere Meeresströme nach Südamerika.

In den letzten Jahrzehnten trat El Niño in immer kürzeren Abständen auf. Und: In fast allen Erdteilen zeigt das ungeliebte Christkind seine Wirkung. Der für Asien so typische Monsunregen fällt schwächer aus als sonst. In diesen Ländern ist daher mit großer Trockenheit zu rechnen. Auch in den USA und in Australien werden ungewöhnliche Hitzeperioden mit El Niño in Zusammenhang gebracht. Nicht genug, dass die Südamerikaner von der Fischflaute geplagt sind, während der El-Niño-Zeit gehen schwere Unwetter in ihren Regionen nieder. In der Atacama-Wüste in Chile, die zu den niederschlagsärmsten Regionen der Welt zählt und wo es oft das ganze Jahr über nicht regnet, wurden während eines El-Niño-Zyklus überraschend starke Regenfälle beobachtet – das Christkind spielt mit dem Wetter Roulette. Ob El Niño auch bei unserem Wetter in Europa mitmischt, wissen die Klimaexperten noch nicht genau. Immerhin lässt sich das verrückte Klimaphänomen recht gut vorhersagen. Etwa ein Jahr bevor El Niño ausbricht, wagen die Forscher erste Prognosen. Den betroffenen Regionen ist das aber nur ein schwacher Trost, die Fische bringt ihnen niemand zurück.

Ein gefährlicher Krankmacher

El Niño gefährdet auch die Gesundheit der Menschen. Gerade wenn das Klima feucht ist, wie etwa an den Küsten Süd- und Mittelamerikas, werden Krankheiten nicht selten durch Tiere auf den Menschen übertragen. Haupterreger sind Pest, Cholera, aber auch Malaria.

Die meisten Nagetiere wohnen bei normalem Klima in ihrem Lebensraum. Treten aber ungewöhnliche Dürreperioden oder Überschwemmungen auf – so wie bei El Niño –, bleibt den Tieren nichts anderes übrig, als zu wandern. Es zieht sie dann in andere Gefilde – mitunter auch in bewohnte Siedlungen und Großstädte. Die Gefahr ist groß, dass Krankheitserreger, die auf den Nagern sitzen, auch auf die Menschen übergehen. Im El-Niño-Jahr 1997 häufte sich die Anzahl der Pestfälle in New Mexico dramatisch – heute weiß man, dass die Wanderung von Ratten, durch El Niño verursacht, schuld daran war. Eine Gefahr stellen aber auch Insekten dar. Für die Anophelesmücke, die die gefürchtete Malariakrankheit überträgt, gilt der Leitspruch: «Je milder und feuchter, desto besser.» Bei 20 Grad braucht eine Mücke drei Wochen, bis aus einem Ei

Nachgefragt

Woher kommt die Fieberkrankheit?

Noch im 19. Jahrhundert war man sich nicht sicher, wo das so genannte Küstenfieber herkam. In Afrika, Mittel- und Südamerika sowie in Asien wusste man nicht damit umzugehen. So dachte man, dass unsaubere Luft schuld am Fieber sei, und bezeichnete die Krankheit daher als *mal aria*, das italienische Wort für «schlechte Luft». Heute weiß man, dass die Krankheit nichts mit schlechter Luft zu tun hat, sondern eine gemeine Stechmücke der Überbringer des Übels ist. Heute kann man sich durch eine Impfung wirksam gegen Malaria schützen.

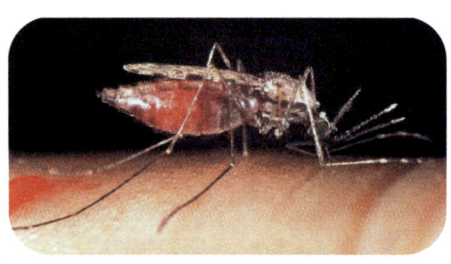

ein Blut saugendes Wesen wird, sind es aber über 30 Grad, schafft sie das in einer Woche: Das Mückenvolk vermehrt sich dann explosionsartig.

Wissenschaftler konnten zeigen, dass im afrikanischen Ruanda die Malariahäufigkeit während der El-Niño-Zeit 1987 dreimal höher als normal war. In diesem Jahr wurden besonders hohe Temperaturen und große Regenmengen gemessen, was die Mücken natürlich gefreut hat.

Eine Anophelesmücke bei der Arbeit

Sonnenverwöhnte Exoten

Wer denkt bei Palmen nicht an Südseeinsel und Kokosnüsse, Sandstrand, türkisfarbenes Meer und schnuckelige Badetemperaturen?

Aber, ob ihr es glaubt oder nicht: Auch in Deutschland wachsen Palmen, *Sabal minor*, zu Deutsch «Hanfpalme». Chancen zu überleben hat sie allerdings nur dann, wenn der Mensch ein bisschen mithilft: Die meiste Zeit des Jahres vertragen die Palmen zwar unser Klima, es gibt aber ein paar Wochen, die für die Palmengewächse zu viel sind: Im Winter ist es bei uns schlicht und einfach zu kalt, Palmen mögen keinen strengen Frost. Seht euch einmal in den Parks und Gärten um, vielleicht könnt ihr ja ein paar Palmen entdecken. In der Winterzeit verschwinden sie allerdings, sie werden ausgegraben und ins wärmende Glashaus gestellt.

«Wilde Palmen», also Gewächse, um die sich keiner kümmert, findet man in Deutschland nicht. Längere Phasen mit Temperaturen unter dem Gefrierpunkt bedeuten oft das

Nachgefragt

Was macht eigentlich der Golfstrom?

Im Atlantischen Ozean zwischen Amerika und Europa gibt es besonders warme Meeresströmungen. Vom Äquator werden sie mit kräftigen Winden nach Norden gepumpt. An der Westküste Europas bewirken diese warmen Meeresströmungen dann ein mildes Klima. Sie sind nach den Golfregionen in Mittelamerika benannt.

Lebensende einer Palme. Will man frei lebende Palmen sehen, muss man aber gar nicht so weit fahren: Es reichen die Küsten des Mittelmeers oder das Landesinnere Spaniens. Dort ist das Klima den Palmen besser gesinnt. Interessanterweise gibt es auch in Großbritannien Palmen. Die britische Insel liegt auf denselben Breitengraden wie Deutschland, und trotzdem wachsen im Südwesten Englands munter wilde Palmen vor sich hin. Wie kann das sein?

Der Golfstrom macht's möglich, der sorgt nämlich in diesen Regionen für nicht zu frostige Temperaturen und übers Jahr gesehen für relativ geringe Temperaturschwankungen.

Klassische Heimat der Palmen sind aber die Tropen. Dort ändern sich die Temperaturen kaum, Jahreszeiten wie bei uns gibt es nicht. Die Luftfeuchtigkeit ist hoch, auch das lieben die Palmen. Die Kokospalme gedeiht am besten in der Nähe des Äquators. Die Einwohner haben vielseitige Verwendung für die Palmengewächse: In erster Linie wird natürlich die Frucht genutzt, Kokosnüsse oder Datteln sind eine Delikatesse – und das in aller Welt. Die Palme wird aber in alle Bestandteile zerlegt: Der Stamm wird zum

Palmen sind sehr widerstandsfähig. Eins vertragen sie aber nicht: frostige Temperaturen

Bau von Hütten verwendet, die Blätter zum Decken der Häuser, und aus den Palmblättern werden sogar Besen und Hausschuhe hergestellt.

Extrem sind die Lebensbedingungen für Palmen in Halbwüsten und Wüsten. Ein Überleben ist nur möglich, weil die Wurzeln bis zum Grundwasser reichen: So besteht ein Strohhalm zum lebensnotwendigen Nass. Über der Erde ist die Pflanze sengender Wüstensonne ausgesetzt. Die Natur hat der Palme aber eine ausgeklügelte Technik mitgegeben, um zu überleben. So wie wir Menschen «schwitzen» auch Pflanzen, man nennt das transpirieren. Durch dieses Transpirieren kann die Pflanze ihre Temperatur einstellen. Ist es zu heiß, lässt sie Wasser aus, um so Stamm und Blätter zu kühlen. Auch der Mensch macht ja nichts anderes. Wir schwitzen, um den Körper nicht zu sehr aufzuheizen. Bei den extremen Bedingungen in der Wüste heizt sich die Palme natürlich doch auf. Messungen haben ergeben, dass das Blatt einer Wüstenpalme um bis zu 10 Grad wärmer als die Lufttemperatur wird. Zu heiß darf das Blatt aber nicht werden, irgendwann muss selbst die sparsamste Palme Wasser loslassen, um zu schwitzen. Sonst verbrennt die Pflanze in der glühenden Sonne.

Wo wohnen die Gegenfüßler?

Erinnerst du dich daran, als du klein warst und seelenruhig in der Sandkiste herumgebuddelt hast? Was wäre gewesen, wenn du dich immer weiter hineingegraben hättest? Zuerst durch den Sand hindurch, dann durch die Sandkiste, immer tiefer – irgendwann muss es doch wieder Licht geben am Ende des Tunnels! Ganz genau müsstest du 12 756 Kilometer lang buddeln. Ach ja, gehen wir davon aus, dass du Schnellbuddler bist. Sagen wir mal, du schaffst pro Stunde ein Meter Erdreich. Dann dauert das Ganze 531 000 Tage oder grob 1455 Jahre, bis du durch bist – eine Aufgabe für Generationen von Sandkistenbuddlern. Nach 2900 Kilometern oder 120 833 Tagen hättest du den Erdmantel passiert. Dann müsstest du aber noch durch den Erdkern durch – und hier könnte es heiß werden, bis zu 5000 Grad. Schließlich würdest du wieder auf der anderen Seite den Erdmantel passieren und kämst dann dort wieder an die Erdoberfläche.

Hoffentlich ist am Ziel deiner Träume wieder Land in Sicht und du schwimmst nicht im tiefsten Ozean. Die Wahrscheinlichkeit, auf der Südhalbkugel auf Meeresboden zu stoßen, ist nämlich viel größer als auf der Nordhalbkugel: Nördlich des Äquators gibt es 40 Prozent Land und 60 Prozent Wasser, südlich von null Grad nur 20 Prozent Land und 80 Prozent Wasser.

An eine Reise durch die Erde hindurch dachten wohl auch schon die Menschen früher und malten sich aus, was sie auf der anderen Seite finden würden. Die alten Griechen nannten die Völker, die sie dort erwarteten, «Gegenfüßler» (auf Griechisch *Antipoden*). Man glaubte nämlich, dass sich die Menschen mit dem Kopf am Boden fortbewegen würden. Dass die Erde eine Kugel ist und auf der ganzen Erdkugel etwa dieselbe Anziehung herrscht, das konnte man sich damals noch nicht vorstellen.

Heute ist es für uns kein Problem mehr, unsere *Antipoden* zu besuchen. Ein Flug nach Australien ist bald gebucht. Und sogar unsere Kiwis zum Frühstück kommen aus dieser fernen Welt.

Klimazonen gibt es auf der anderen Seite der Erde natürlich auch, auf der Südhalbkugel ist aber vieles umgekehrt: Die Winterzeit südlich des Äquators erleben wir in Deutschland als Sommer. Werden bei uns die Frühlingsgefühle geweckt, lassen auf der anderen Seite der Welt die Bäume ihre Blätter fallen, der Herbst ist da. Die Menschen, speziell natürlich die Kinder, wollen auch auf der Südhalbkugel auf keinen Fall auf Weihnachten verzichten: Man wünscht sich aber bei sengender Hitze und in Badehose ein frohes Fest, schließlich ist in Australien am 24. Dezember Hochsommer.

Auch mit den Tief- und Hochdruckgebieten verhält es sich auf der Südhalbkugel anders. Während sich bei uns die Tiefs immer gegen den Uhrzeigersinn fortbewegen, drehen sie sich in der Südhemisphäre mit ihm. Bei den Hochs ist es genau umgekehrt: bei uns mit dem Uhrzeigersinn, dort gegen den Uhrzeigersinn. Über die Hochs und Tiefs erfahrt ihr mehr im Kapitel «Prophetisch!».

Will man also als Meteorologe die Halbkugeln wechseln und vielleicht in Australien oder Südamerika Prognosen erstellen, heißt es erst einmal umdenken, alles dreht sich in die andere Richtung.

Eine Reise immer der Breite nach

Ihr habt gesehen: Je weiter man nach Norden hinaufwandert, umso kälter wird es: Am meisten Sonne kriegen die Gebiete rund um den Äquator ab, am wenigsten sonnenbegünstigt sind die Pole. Reist man von Süden nach Norden, wissen wir, dass die Kleider der Menschen von Breitengrad zu Breitengrad dicker werden. Aber wie ist das von West nach Ost entlang eines Breitengrades? Ist das Klima da gleich?

Irrtum! Um das zu sehen, brauchen wir gar nicht weit zu reisen. Picken wir uns zwei Punkte auf der Deutschlandkarte heraus: Freiburg im Breisgau und München. Beide liegen auf demselben Breitengrad und auf etwa 48 Grad nördlicher Breite.

Das Klima der beiden Städte ist aber übers Jahr gesehen recht unterschiedlich: In Freiburg sind die Winter um einiges milder als in München, zudem regnet es im Winterhalbjahr im Schwarzwald mehr als in Bayern. Während im Südwesten Deutschlands feuchte, aber nicht allzu kühle Luft vom Atlantik hereinströmt, bekommt München kalte Luft von Norden und Osten ab.

Auch im Sommer ist das Klima zwischen Freiburg und München nicht gleich: In Freiburg ist die Durchschnittstemperatur um eineinhalb Grad höher als in München, und es regnet auch weniger. Wenn ihr auf die Klimatabelle der beiden Stationen seht, findet ihr noch weitere Unterschiede.

Das Klima richtet sich nämlich danach, ob eine Region vom Meer beeinflusst ist oder das Wetter vom Kontinent bestimmt

	Januar	April	Juli	Oktober
München	-0,4 / 69	8,5 / 81	18,8 / 117	10,0 / 56
Freiburg	0,9 / 48	9,9 / 76	19,1 / 106	9,9 / 79

Klimavergleich Freiburg–München: Die roten Zahlen in Grad Celsius (°C) geben die Temperaturen an, die blauen Zahlen in den Eimern stehen für die Wassermenge in Litern (l)

wird. Es gibt noch ein drastischeres Beispiel. Porto in Portugal liegt auf 41 Grad nördlicher Breite. Ein sehr mildes Klima ist dort anzutreffen, Frosttage sind das ganze Jahr über selten, und zumindest von Juni bis September lässt es sich gut bei einem Sonnenbad im Freien aushalten. Die Regenzeit ist vor allem von Oktober bis Februar, der Sommer ist sehr trocken.

Machen wir einen großen Sprung nach Asien – zu eurer Orientierung nehmt am besten einen Atlas und schlagt die Weltkarte auf. Von Porto an der Westküste Portugals fahrt ihr mit dem Finger über das Mittelmeer, den italienischen Stiefel, weiter nach Osten zum Kaspischen Meer, am Himalajamassiv fahren wir südlich vorbei, bis wir an der Ostküste Asiens angelangt sind. Habt ihr's? Auf 42 Grad nördlicher Breite liegt Wladiwostok, am Japanischen Meer. Endstation der Transsibirischen Eisenbahn und wichtiger Handelshafen. Wie ist das Klima dort?

Ganz anders als in Porto, wie ihr auf der Klimatabelle sehen könnt! Von November bis März ist es grimmig kalt, und es gibt kaum Niederschlag. Eisbrecher müssen immer wieder das zugefrorene Japanische Meer für den Schiffsverkehr befahrbar machen. Die Regenzeit beschränkt sich auf den Sommer. In den drei

Klima-
vergleich
Porto–Wladi-
wostok. Auch
hier stehen
die roten Zah-
len für die
Temperatur,
während blau
die jeweilige
Niederschlags-
menge angibt

	Januar	April	Juli	Oktober
Porto	9,3 / 134	13,0 / 98	22,0 / 19	16,0 / 153
Wladiwostok	-13,1 / 12	4,3 / 58	17,4 / 136	8,1 / 55

Solche Eis-
brecher sorgen
im Winter in
Wladiwostok
für reibungs-
losen Schiffs-
verkehr

Monaten Juli, August und September kommt die Hälfte des Jahresregens zusammen. Obwohl Wladiwostok am Meer liegt, bekommt es die meiste Zeit das Wetter vom asiatischen Kontinent ab, und im Winter ist es in Zentralasien bitterkalt. So haben also zwei unterschiedliche Städte auf denselben Breitengraden ein Klima, wie es unterschiedlicher nicht sein kann.

Das Klima bei uns

Tagein, tagaus wird über das Wetter geredet und gejammert. Es ist zu kalt, es ist zu heiß, es ist zu trocken, es ist zu nass. Da lohnt es sich doch, das Wetter über längere Zeit zu beobachten, um zu wissen, ob sich das Jammern überhaupt lohnt.

Es gibt viele Möglichkeiten, das Wetter zu einem bestimmten Zeitpunkt an einem bestimmten Ort festzuhalten. Man kann auf den Himmel schauen und sich überlegen, wie viele und welche Wolken gerade da sind. Man kann die Richtung und die Stärke des Windes aufschreiben, den Regen messen, der gefallen ist, und natürlich die Temperatur vom Thermometer ablesen.

Heute gibt es über die ganze Welt verstreut viele Messstationen, die einheitlich geregelte Größen zu bestimmten Zeiten messen. Es ist auch genau festgelegt, was wann gemessen wird. Der Grund ist einfach: Wird überall nach dem gleichen Prinzip gemessen, kann man die Werte miteinander vergleichen. Ihr habt ja bereits die verschiedenen Instrumente zur Beobachtung und Messung des Luftdrucks, der Lufttemperatur, Feuchtigkeit, Windrichtung und Windgeschwindigkeit sowie des Sonnenscheins kennen gelernt.

Die ersten regelmäßigen Temperaturaufzeichnungen in Deutschland wurden in Berlin um 1701 durchgeführt. Nach und nach gesellten sich andere Stationen dazu: Heute betreut der Deutsche Wetterdienst fast 600 Klima- und Wetterstationen. Daneben betreiben noch private Firmen oder Liebhaber des Wetters und des Datensammelns eine Vielzahl von Stationen. Lieb haben muss man die vielen Temperaturen, Windrichtungen und Regenmengen schon, die da so über die Jahre zusammenkommen. Bei der Menge an Zahlen kann man nämlich ganz schön ins Trudeln kommen. Gott sei Dank hilft uns beim Aufzeichnen des Wetters der Computer, über den ihr bereits mehr im Kapitel über die Wettervorhersage erfahren habt.

Deutschland befindet sich in einem gemäßigten Klima, und oft verhält sich das Wetter auch maßvoll und nicht extrem. Die Jahreszeiten sorgen für abwechslungsreiche Wetterlagen, Perioden mit lang anhaltender Trockenheit sind selten, und auch wochenlanges Schmuddelwetter ist eine Ausnahme. Gerade die Ausnahmen, die Extreme, sind aber interessant: Sehen wir uns einmal die Geschichte des Wetters in Deutschland an. Gewaltige Datenmengen aller verfügbaren Wetterstationen warten hierfür auf uns. Ein paar Temperaturen, die wir nicht alle Tage haben:

Am 27. Juli 1983 kamen die Bewohner in der Oberpfalz gehörig ins Schwitzen. 40,3 Grad Celsius zeigte das amtliche Thermometer. Das war absoluter Rekord, so eine Affenhitze musste vorher oder nachher niemand mehr ertragen. Da hätten sich die Oberpfälzer wohl gerne ein paar Jahre in die Zukunft versetzen lassen, ins Jahr 2000. Genauer am 25. Januar, da gab es im Berchtesgadener Land nämlich frische minus 45,8 Grad. O. k., frisch ist untertrieben, arktisch war es da. Ebenfalls Rekord in Deutschland. Die Tabelle zeigt euch noch ein paar weitere Wetterextreme in Deutschland.

Wetterextreme in Deutschland, seit es Messstationen gibt	
Höchster Luftdruck	1057, 8 Hektopascal (hPa) am 23.01.1907 in Berlin
Niedrigster Luftdruck	949,5 Hektopascal (hPa) am 26.02.1989 in Osnabrück
Höchste Temperatur	40,2 °C am 27.07.1983 in Gärmersdorf (Amberg)
Niedrigste Temperatur	−45,8 °C am 25.01.2000 im Berchtesgadener Land
Größte Jahres-niederschlagsmenge	3499 Liter pro Quadratmeter 1944 in Purtschellerhaus (Berchtesgaden)
Größte Tages-niederschlagsmenge	312 Liter pro Quadratmeter vom 12.08.2002 bis 13.08.2002 in Zinnwald im Erzgebirge
Größte Nieder-schlagsmenge in 8 Minuten	126 Liter pro Quadratmeter am 25.05.1920 in Füssen
Häufigster Nebel in einem Jahr	315 Nebeltage im Jahr 1966 auf dem Fichtelberg (Erzgebirge)
Längste Nebeldauer	2329 Stunden im Jahr 1959 am Klippeneck (Schwäbische Alb)
Längste jährliche Sonnenscheindauer	936,7 Stunden im Jahr 1912 in Münster
Stärkste Windböe	335 km/h auf der Zugspitze am 12.06.1985
Teuerster Hagelsturm	Rund 1,5 Milliarden Euro am 12.07.1983 in München

Klimaextreme – weltweit

Die Hitparade der deutschen Klimagrößen steht im Schatten der Extreme, die es an anderen Orten in der Welt gibt. Die globalen Charts haben es wirklich in sich. Der heißeste Ort der Welt? Da gewinnt die Wüste. Genauer die Libysche Wüste: In El Azisia wurden am 13. September 1922 exakt 57,7 Grad Celsius vom Thermometer abgelesen. Gerade mal 50 Grad hat übrigens der heißeste Ort in Europa erreicht – das andalusische Sevilla.

Gerne messen die Datenfreunde auch die durchschnittliche Jahrestemperatur. Das geht so: An jedem Tag im Jahr misst man den höchsten Temperaturwert – das so genannte Temperaturmaximum. Nach einem Jahr hat man dann 365 Messungen. Addiert

Zahlen und Rekorde des Wetters, weltweit gemessen

Höchste Lufttemperatur	57,7 °C in El Azisia, Libyen am 13.9.1922
Höchste Durchschnittstemperatur	34,6 °C in Dallol Äthiopien, Messreihe vom Nov. 1960 bis Oktober 1966
Tiefste Lufttemperatur	−89,2 °C Wostok, Antarktis am 21.07.1983
Tiefste Durchschnittstemperatur	−55,1 °C Wostok, Antarktis, Messreihe von 1961 bis 1990
Höchsttemperatur am Südpol	−13,6 °C am 27.12.1978
Größte Temperaturspanne zwischen größter Maximum- und tiefster Minimumtemperatur	106,7 K (Kelvin) in Werchojansk
Größte Niederschlagsmenge in 24 Stunden	1870 l/m² Cilaos, Insel Réunion, Indischer Ozean am 15.03. bis 16.03.1952
Größte Niederschlagsmenge in einem Jahr	26461 l/m² Cherrapunji/Indien vom 01.08.1860 bis 31.07.1861
Größte durchschnittliche Niederschlagsmenge pro Jahr	11684l/m² in Mount Waialeale Kauai, Hawaii, Messreihe von 1941 bis 1957
Niedrigste durchschnittliche Niederschlagsmenge pro Jahr	0,7 l/m² in der Oase Dachla in Ägypten, Messreihe 1932 bis 1985
Ort mit den meisten Regentagen pro Jahr	325 Tage Campbell Island/Südpazifik (gehört zu Neuseeland), Messreihe von 1941 bis 1957
Größte Schneemenge innerhalb eines Jahres (Addition sämtlicher Schneemengen eines Jahres)	31,1 Meter in Paradise Ranger (Washington/USA)
Höchster Luftdruck	1083,8 Hektopascal (hPa) in Agata/Nordwestsibirien am 31.12.1968
Niedrigster Luftdruck	870 Hektopascal (hPa) gemessen im Taifun «Tip», 482 km westlich Guam (Pazifik) am 12.10.1979
Größte durchschnittliche Sonnenscheindauer	4040 Stunden in Yuma/Arizona, USA, Messreihe 1951 bis 1978
Kleinste durchschnittliche Sonnenscheindauer	478 Stunden auf den Süd-Orkney-Inseln (Nordspitze Schottland), Messreihe 1903 bis 1950 sowie 1978 bis 1991
Größte Böe	416 km/h am Mount Washington, New Hampshire/USA am 12.04.1934

man diese nun und dividiert sie durch 365, hat man die durchschnittliche Jahrestemperatur. Ist es in einer Region das ganze Jahr über heiß, ist diese Durchschnittstemperatur natürlich viel höher als bei uns. Bei uns gehen schließlich auch die frostigen Wintertemperaturen mit in die Rechnung ein. Die höchste Durchschnittstemperatur, die es je gab, wurde in der Wüste gemessen, in Äthiopien. 34,6 Grad. In Deutschland liegt die Durchschnittstemperatur bei etwa 13 Grad.

Begeben wir uns nach der Temperatursauna in die eisige Kälte. Der Ort, der am meisten einer Gefriertruhe ähnelt, ist Wostok in der Antarktis. Minus 89,2 Grad ist hier der eiskalte Rekord! Wostok liegt übrigens auf 3420 Meter Seehöhe. Auch übers Jahr gesehen gehen die Temperaturen in Wostok nicht über minus 55,1 Grad hinaus … Könnt ihr euch vorstellen, wie dick ihr euch anziehen müsstet, wenn ihr dort leben würdet?

Regen, nichts als Regen

Wenn du die Regenmengen zusammenrechnest, die so über ein Jahr fallen, hast du in Deutschland nach einem Jahr im Schnitt 600 bis 1000 Liter Regen pro Quadratmeter. Das ist schon einiges. Es kann aber auch viel weniger regnen. Die geringste Niederschlagsmenge wurde 1911 in Thüringen registriert: $242 \, l/m^2$. Das ist allerdings nichts im Vergleich zur Insel Réunion im Indischen Ozean. Im Jahr 1952, am 15. März, dachten die Inselbewohner, dass ihr Untergang gekommen sei: Sagenhafte 1870 Liter Wasser kamen vom Himmel runter. An einem ein-

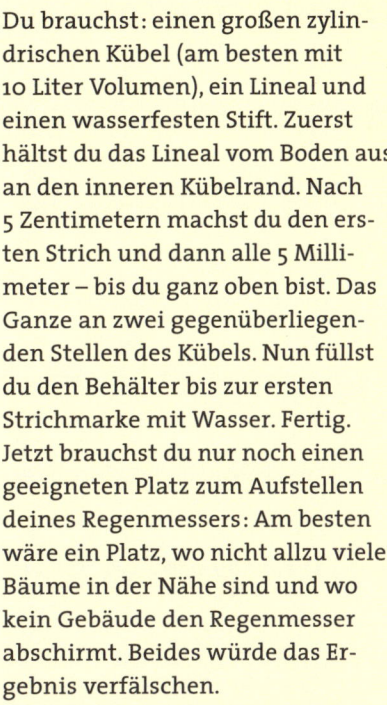

zigen Tag! 1870 Liter pro Quadratmeter am Tag, das sind knapp 78 Liter in der Stunde oder 1,3 Liter in der Minute. Jede Minute hätte man da eine große Wasserflasche voll bekommen! Und das 24 Stunden lang … Ursache für die gewaltigen Wassermassen war damals ein furchtbarer Sturm, der im benachbarten Mauritius wütete und zu diesem Regenweltrekord führte.

Den meisten Regen, über ein Jahr gesehen, gab es in Indien. Der Wetterbeobachter von der Station Cherranpunji im Nordosten Indiens hatte zwischen August 1860 und Juli 1861 viel zu tun. Niemand vorher oder nachher musste so viel Regenwasser messen, schließlich fielen in diesem Jahr 26 461 Liter Regen pro Quadratmeter. So viel regnet es bei uns normalerweise in einem Vierteljahrhundert!

Kein Vergleich dazu ist der jährliche Niederschlag in der Oase Dachla in Ägypten. Zwischen 1932 und 1985 kam dort im Schnitt nur ein Dreiviertelliter Regen pro Quadratmeter zusammen. Minusrekord!

Macht Wetter krank?

Sonne, Regen, Schneefall, Wind, Wärme und Kälte. All das macht unser Körper jahrein, jahraus mit. Und das meistens ohne Probleme. Gut, wir helfen natürlich auch mit, dass sich unser Körper wohl fühlt. Zum Beispiel ziehen wir uns das Richtige an, im Sommer die Badehose, im Winter die dicke Jacke – und nicht umgekehrt. Aber einige Menschen haben unter dem Klima zu leiden. Wenn der Kopf brummt, die Haut gereizt ist oder der Magen verrückt spielt, kann's am Wetter liegen.

Meteorologen und Mediziner haben sich zusammengesetzt, um der Krankheit «Wetter» zu Leibe zu rücken. Heraus gekommen ist, dass das Klima tatsächlich krank oder gesund machen kann. Heute weiß man, wie Menschen zu helfen ist, die empfindlich auf das Wetter reagieren und krank werden.

Wenn's im Schuh drückt …

Stellt euch vor: Ein strahlend blauer Himmel im Sommer, angenehme Temperaturen, und dann sagt jemand: «Ich spür's in der kleinen Zehe, morgen regnet es.» Für diese freche Behauptung gibt es zwei mögliche Ursachen: Erstens, derjenige ist gut informiert und kennt den Wetterbericht von morgen. Zweitens, wir haben es mit einem «Wetterfühligen» zu tun. Ja, die gibt es tatsächlich! Einige Menschen haben für nahende Wetterumschwünge eine Antenne. Medizin-Meteorologen fanden heraus, dass ein Drittel der Bevölkerung wetterfühlig ist. Wetterfühlige sind also auch Wetterfrösche.

… drückt die Luft

Wie machen das unsere Wetterfrösche? Anstatt auf der Leiter (so wie im Gurkenglas) rauf- und runterzuhopsen, spüren Wetterfühlige ihre Knochen, Narben von vergangenen Operationen, oder sie bekommen Migräne. Das Ganze kann also ziemlich schmerzhaft sein. Bevor sich das Wetter sichtbar durch Wolken oder Regen verändert, bekommen Wetterfühlige bereits ihre Wehwehchen. Die Schmerzen rühren aus Druckänderungen in der Luft, die nicht selten mit Regenfronten Hand in Hand gehen. Ein plötzlicher Unterschied im Luftdruck löst dann etwa Gliederschmerzen oder Migräne aus. Immer noch mag kaum eine Wolke am Himmel sein, für die Betroffenen ist aber sonnenklar: Das Wetter ändert sich. Die Prognose mit Hilfe von schmerzenden Gliedmaßen ist dann durchaus vergleichbar mit einer professionellen Wettervorhersage.

Pollenflug – ein Segen oder eine Plage?

Hatschi! Im Frühling und Frühsommer rinnen bei uns die Nasen. 8 bis 15 Millionen Deutsche werden jedes Jahr von den Pollen ge-

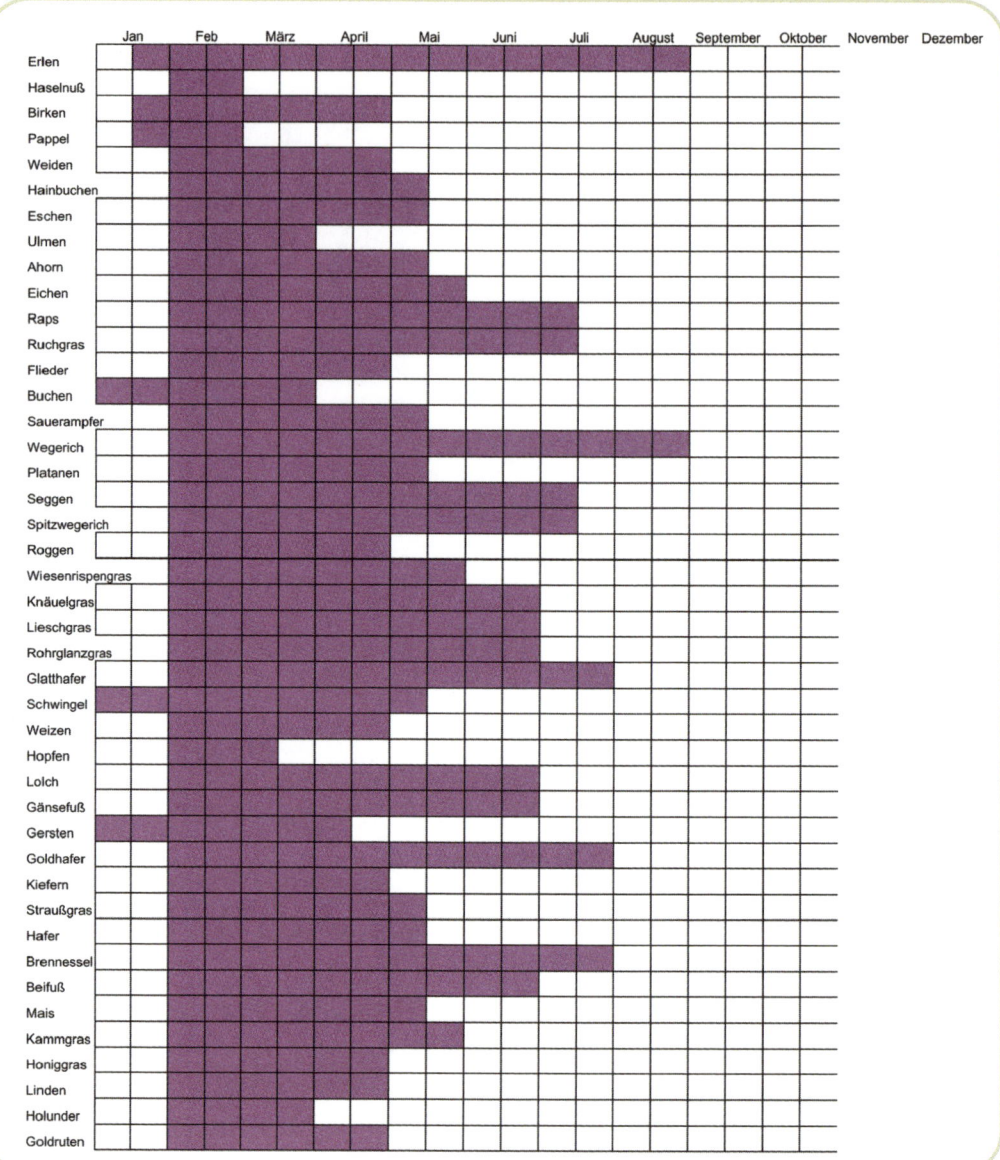

Die Heu-
schnupfen-
erzeuger und
wann sie
auftreten

plagt. In der Blütezeit schicken Pflanzen Milliarden und Abermilliarden von Pollen in die Luft. Dabei dient das eigentlich einem guten Zweck. Der Wind soll nämlich den Blütenstaub weitertragen und die Pflanzen befruchten, damit neue Artgenossen entstehen können. Viele Menschen reagieren darauf aber allergisch. Schnupfen, Augenjucken, Hautausschläge und Asthmaanfälle, all das entsteht durch den Blütenstaub einiger Bäume, Sträucher, Gräser oder auch durch Getreide. Links seht ihr eine Zusammenstellung dieser «Krankmacher» und den Zeitpunkt ihres Auftretens.

Allergiegeplagte können den Pollen nur entgehen, wenn sie in die Berge fliehen – nur wenige Pollen verlieren sich in diese Höhen. Oder man fährt ans Meer oder in die Wüste, auch hier sind Pollen nämlich Mangelware. Bleibt man jedoch zu Hause, gibt es vor dem Nasenrinnen kaum ein Entrinnen. Am ehesten hilft es noch, die Fenster bei Pollenflug zu schließen und sich nicht dem dichtesten Blütenstaubnebel auszusetzen.

Während der Blütezeit sind Pflanzen, die Pollen über den Wind freisetzen, leider äußerst aktiv. Eine einzige Roggenähre setzt 4 Millionen Pollenkörner frei, dabei würden schon 50 pro Kubikmeter Luft ausreichen, um bei Allergikern «Hatschis» zu erzeugen.

Das Wetter und das Klima spielen eine wichtige Rolle. So eigenartig es klingt: Je sonniger und milder das Wetter im Frühling ist, desto schlimmer für Pollengestresste. Die Pollen mögen es nämlich, wenn es trocken ist. Kommt dazu noch eine frische Frühlingsbrise, sind die Bedingungen nahezu ideal – ein kräftiges Lüftchen kann die Pollen bis zu 1000 Kilometer weit hinaustreiben. Ein Horror für Heuschnupfengeplagte! Bei Regen oder Windstille hingegen können Allergiker aufatmen: Der Regen bindet den Blütenstaub und macht die Luft nahezu pollenfrei.

Wie man die Pollen in die Falle lockt

Meteorologen entwickeln zusammen mit Phänologen (das sind Wissenschaftler, die sich mit Pflanzen beschäftigen) Vorhersagen für Allergiker. Dazu werden die Pollen in die Falle gelockt. In allen größeren Städten stehen meist im Forst- oder Gartenbauamt Pollenfallen. Regelmäßig saugt dieses Gerät mit Hilfe einer Vakuumpumpe 10 Liter Luft in seinen Schlund. Da kommen natürlich auch die Pollen mit. Im Inneren werden diese dann aussortiert, ein Klebestreifen hält den Blütenstaub auf. Jetzt ist der Phänologe gefragt, der sich den Streifen unter einem Lichtmikroskop ansieht, die Körner nach Pflanzentyp sortiert und auszählt. So wird die Anzahl der Pollen und ihre Konzentration in der Luft bestimmt. Zusammen mit dem Meteorologen überlegen die Pflanzenexperten dann, ob das Wetter in den nächsten Tagen die Pollen noch fluglustiger macht oder ob Regen kommt und der Staub damit abgefangen wird. Allergiker finden das Ergebnis, die so genannte Pollenflugvorhersage, in der Zeitung oder im Internet.

Eine Pollenfalle auf der Terrasse eines Krankenhauses in Wien

Hilfe, Herr Stadtgärtner

Pollenallergiker wünschen sich in der Sturm-und-Drang-Zeit der Blüten nur eines: alle Birken, Eschen, Erlen blindlings abholzen und nachher die Flächen zubetonieren. Problem gelöst. Das geht natürlich nicht, wir brauchen das Grün in unseren Städten. Aber es gibt vielleicht eine sinnvollere Lösung. Der amerikanische Allergieforscher Thomas Orgen meint, dass die Gärtner in den großen Ballungszentren nur wissen müssten, was sie anpflanzen. Viele Bäume und Sträucher sind für Allergiker nämlich völlig unbedenklich. Werden die gepflanzt, gibt es auch für Heuschnupfengeplagte weniger Probleme. Einige Pflanzen werden von Insekten bestäubt, der Blütenstaub wird also nicht vom Wind, sondern von Bienen und Hummeln weitergetragen. Das ist gut für die Allergiker. Herr Orgen gab der Natur Noten wie in der Schule: Eine 1, ein «Sehr gut», bekommen die Gewächse, die für Allergiker völlig unbedenklich sind. Die Notenskala geht bis zur 10. Note 10 bekommen die schlimmsten Übeltäter. Zu ihnen zählen Platanen, Erlen, Eschen oder Birken. Mit einigermaßen guten Noten sind zum Beispiel die Kastanie oder der Lindenbaum bedacht.

Natürlich kann jetzt nicht Jagd auf alle Pollenschleudern gemacht werden. Bei Neubegrünungen in den Städten würde es aber sicher nicht schaden, auch an die Allergiker zu denken. Das sind nämlich gar nicht wenige.

Klimaanlagen

Ist es im Winter kalt, wollen wir es warm haben, ist es im Sommer heiß, wollen wir es kühl.

Die Natur kann es uns nicht recht machen. Im Winter wissen wir uns zu helfen, die Schichten mit Kleidungsstücken werden immer dicker, und aus den Kaminen der Häuser steigt unentwegt schwarzer Rauch auf – untrügliches Zeichen für wohlige Wärme in unseren vier Wänden. Aber im Sommer? Irgendwann ist das letzte Kleidungsstück gefallen, und immer noch ist es zu heiß. Glücklicherweise gibt es die Klimaanlage. Kommt man im heißen Sommer in ein Geschäft oder steigt man in ein teures neues Auto, wird das Klima vom Menschen einstellbar. Wir entscheiden, wie kalt oder warm es zu sein hat. Endlich haben wir das Klima im Griff!

Eigenartig ist aber, dass vielen Menschen diese künstliche Kühlung gar nicht gut tut. Besonders Touristen erkälten sich bei großen Temperaturschwankungen von draußen nach drinnen sehr schnell und fahren mit schniefenden Nasen zurück nach Hause. Schuld ist die Klimaanlage: In den heißen Wüstengebieten bieten die großen Hotels meist voll klimatisierte Zimmer an. Der Mensch ist dafür gemacht, sich auf *ein* Klima einzustellen, stoßen wir aber auf zwei Klimazonen innerhalb von Sekunden, kommen wir in Schwierigkeiten. Stellt euch vor, ihr seid in der Libyschen Wüste und steht vor den Toren eines luxuriösen Hotels. Es sind 40 Grad im Schatten. Ihr geht ein paar Schritte weiter und betretet das Hotel: Drinnen sind es plötzlich nur noch 20 Grad, also um 20 Grad weniger. Das macht unser Körper nicht mit. Normalerweise baut sich ganz knapp über unserer Haut eine kleine Luftschicht, eine Art Miniatmosphäre, auf, die für eine ausgeglichene Temperatur sorgt. Bei solchen Temperaturunterschieden wird unsere Miniatmosphäre aber weggepustet, der Körper ist nun in Gefahr, sich zu erkälten. Da hilft nur eines: rasch einen warmen Pullover anziehen. Aber: Wer denkt schon bei einer Reise in die Wüste an warme Sachen?

Könnt ihr euch außerdem vorstellen, wie langweilig so eine Klimaanlage für einen Wetterfrosch ist? Schließlich lässt sich die Temperatur leicht prognostizieren, ein Blick auf die Temperaturanzeige der Klimaanlage genügt.

Das Klima ändert sich

Lustlos baumelt ein Sessellift am Berghang herum, braune Wiesen darunter haben ihn arbeitslos gemacht. Es ist Winter, doch die Natur hält sich nicht dran. Die Skifahrer können nicht fahren, irgendwann wird auch der Sessellift ganz still stehen. Die betroffenen Menschen in der Region, die Skifahrer sowieso, besonders aber viele Kinder beschäftigt eine Frage: Hat sich das Klima geändert? Ja, das Klima hat sich geändert, gründlich sogar. Die Natur ist jetzt schon ein wenig aus den Fugen geraten. Wir Menschen sind nicht ganz unschuldig daran, denn der Mensch hat das Klima durch seine rasanten technischen Fortschritte ins Wanken gebracht.

Wie warm wird unsere Erde?

Seit Jahrzehnten beobachten Tausende von Wissenschaftlern weltweit das Klima: Diese Klimaforscher entdeckten, dass es in den letzten Jahren immer wärmer geworden ist. Seit 100 Jahren ist die Temperatur weltweit um 0,6 bis 0,8 Grad Celsius gestiegen. Da werdet ihr jetzt denken: Das ist doch lachhaft, nicht einmal ein Grad mehr! Die Auswirkungen von diesem einen Grad Erwärmung sind aber größer, als ihr denkt: Der Schnee auf den Gletschern wird immer weniger, Dürre und Überschwemmungskatastrophen werden häufiger, das Eis in den arktischen Regionen beginnt zu schmelzen. Und leider ist das erst der Anfang.

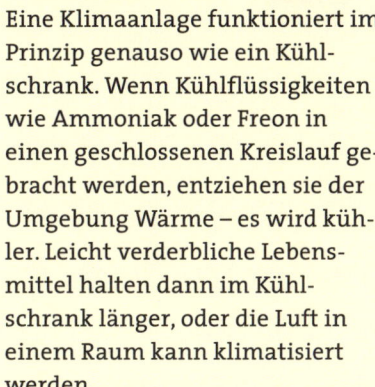

Nachgefragt

Wie funktionieren Klimaanlagen?

Eine Klimaanlage funktioniert im Prinzip genauso wie ein Kühlschrank. Wenn Kühlflüssigkeiten wie Ammoniak oder Freon in einen geschlossenen Kreislauf gebracht werden, entziehen sie der Umgebung Wärme – es wird kühler. Leicht verderbliche Lebensmittel halten dann im Kühlschrank länger, oder die Luft in einem Raum kann klimatisiert werden.

Klimaanlagen fressen aber ganz schön Strom bzw. Treibstoff. Ein Mittelklasseauto verbraucht bei angestellter Aircondition um etwa 1 Liter Benzin (oder Diesel) pro 100 Kilometer mehr. Das bedeutet einen zusätzlichen Energieverbrauch von etwa 10 Prozent!

Was ist das Ozonloch?

In 20 bis 30 Kilometer Höhe befindet sich die Ozonschicht, sie schützt die Erde vor der ultravioletten Strahlung der Sonne. Besonders FCKWs, die wir in die Höhe verfrachtet haben, zersetzen das Ozon. So haben Wissenschaftler erstmals Mitte der 1970er Jahre erkannt, dass die Ozonschicht in der Antarktis ausgedünnt war, man sprach erstmals vom Ozonloch. Das Loch wurde aber von Jahr zu Jahr größer. Heute gibt es nicht nur in der Antarktis, sondern auch am Nordpol ein Ozonloch. Die ersten Auswirkungen: In Australien sind ungewöhnlich viele Schafe erblindet, das aggressive ultraviolette Licht ist schuld daran. In den letzten Jahren versucht man mehr und mehr, die Ozon zerstörenden Substanzen weltweit zu verbieten.

Wissenschaftler aus aller Welt beschäftigen sich mit der Zukunft unseres Klimas. Sie rechnen aus, ob und um wie viel sich die Erde zukünftig erwärmen wird. Die Resultate sind eindeutig: In den nächsten 100 Jahren wird es bei uns um 3 bis 5 Grad wärmer werden. Das würde bedeuten, dass der Meeresspiegel um bis zu einem Dreiviertelmeter steigt, ganze Inseln müssen dann Angst haben, vom Meer verschluckt zu werden. Inseln wie die Malediven oder Mikronesien wären akut davon betroffen. Die Natur wehrt sich. Aber was ist passiert?

Was Schaumstoffe und Haarspray mit dem Klima zu tun haben

Viele Klimadetektive haben die Erdatmosphäre unter die Lupe genommen und festgestellt, dass das Vorkommen mancher Gase weit oben in der Atmosphäre in den letzten Jahrzehnten sprunghaft gestiegen ist: Kohlendioxid, Methan, Stickoxid und Fluorchlorkohlenwasserstoffe heißen die Übeltäter. Seit Jahrhunderten haben wir Menschen diese Gase in die Atmosphäre hinaufgepfeffert.

Kohlendioxid (CO_2) entsteht durch das Verbrennen von Kohle und Erdöl, und da sind wir Meister drin: Nicht nur beim Autofahren oder beim Heizen durch Kohlekraftwerke entsteht CO_2. Das Resultat seht ihr in der nachfolgenden Tabelle. Seit 1800 ist der Ausstoß explodiert. Seit wir Menschen uns daran gewöhnt haben, die Maschinen für uns arbeiten zu lassen, steigt der CO_2-Anteil in der Atmosphäre rasant an. Neben Kohlendioxid wird auch Stickoxid frei bei der Verbrennung von Rohstoffen wie Erdöl.

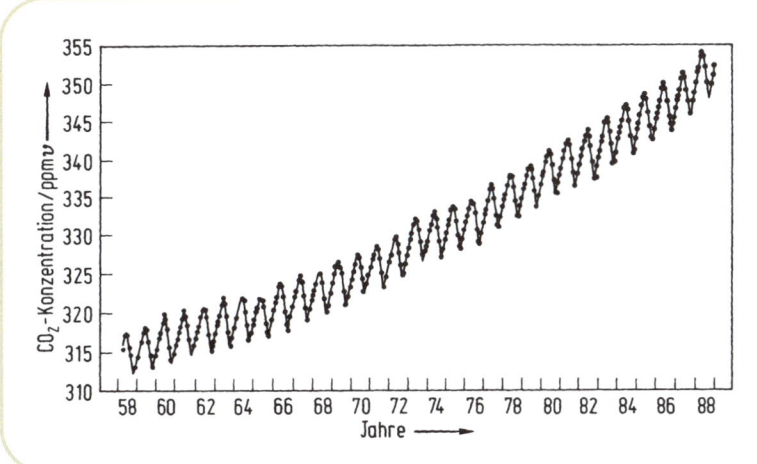

Die CO_2-Konzentrationen in der Atmosphäre über einige Jahre gemessen. Die Kurve geht stetig nach oben. Die Messstation war am Mauna Loa in Hawaii von 1958 bis 1988

Methan entsteht hauptsächlich in der Landwirtschaft – durch Reisfelder und Rindermägen, genauer genommen das Pupsen der Rinder, das den Methanausstoß bewirkt. Mit dem Anstieg der Weltbevölkerung ist aber auch die Anzahl der Rinderfarmen und der Reisfelder samt Methan in die Höhe geschossen. Die unaussprechlichen Fluorchlorkohlenwasserstoffe (kurz FCKWs) werden erzeugt, wenn wir Schaumstoffe, zum Beispiel für Betten, produzieren. Früher war auch fast in jedem Haarspray FCKW drin. Heute verwendet man zum Glück umweltfreundlichere Spraydosen, hier konnte man den Ausstoß verringern.

Wie verändern diese Gase nun das Klima?

Stellt euch dazu ein Glashaus im Garten vor. Die Sonne erwärmt unser Häuschen, das Fensterglas lässt die Sonnenstrahlen herein, und nach und nach wird der Raum unter dem Dach durch die Sonne warm. Öffnen wir ein Fenster, entweicht die Wärme, und es wird kühler. Lassen wir die Wärme aber nicht hinaus, wird es mit der Zeit ziemlich heiß – ihr kennt das vielleicht auch vom Wintergarten, der kann im Sommer zu einem richtigen Treibhaus werden. Ein sehr großes Treibhaus ist auch unsere Erde. Das «Fensterglas» ist in unserem Fall die Atmosphäre mit den verschiedenen Gasen. Diese Gase lassen nur einen bestimmten Teil der Wärme ins Weltall hinaus. Ändert sich nun der Anteil dieser atmosphärischen Gase, ändert sich auch der Wärmehaushalt des Treibhauses Erde. Bestimmte Gase, eben CO_2, FCKW oder Methan, sorgen dafür, dass die Wärme nicht hinauskann, sie werden daher auch als Treibhausgase bezeichnet. Das sind die Stoffe, die das Fenster dicht machen und die Erde erwärmen. Je mehr wir Menschen also an Treibhausgasen in die Atmosphäre pumpen, desto mehr isolieren wir das Treibhaus Erde. Leider gibt es aber kein Fenster, um ein bisschen Wärme hinauszulassen, wir müssen schon darin zu leben lernen.

Das Leben im Jahr 2100

Versetzen wir uns in die Zukunft. Wie könnte das Leben aussehen? Vor allem: Wie sieht das Klima aus? Warm ist es geworden auf der Erde um 2100. Schneefall ist bei uns ganz selten geworden, Skifahren ist nur noch oberhalb von 2000 Metern möglich. Es gibt zwar noch ein paar hoch gelegene Skigebiete, aber die sind ständig überfüllt.

Zahlreiche Tierarten kennen wir nur noch aus den Büchern, denn viele Tiere haben die höheren Temperaturen nicht verkraftet. Der Frosch, unser lieb gewordenes Wettermaskottchen, ist in großer Gefahr. Die Laichplätze für die kleinen Hüpfer trocknen aus, der Lebensraum der Frösche wird immer mehr eingeschränkt, und auch das starke Sonnenlicht und die Umweltgifte tun ihnen weh. Eisbären gibt es nur noch im Zoo zu bestaunen. Eigentlich tapsen sie ja für ihr Leben gern auf Eisschollen in der Arktis herum, denn die Eisflächen sind ihr Jagdrevier. Das Eis schmilzt ihnen nun aber unter den Füßen weg. Nur wenige der weißen Brummis überleben.

Und Weihnachten? Die Kinder um 2100 verstehen nicht, warum man einmal von weißen Weihnachten gesprochen hat. Es ist so mild, dass man das heilige Fest auch draußen im Garten feiern könnte.

Keine rosigen Aussichten? Soll so unsere Zukunft aussehen? Sie kann, aber sie muss nicht. Es liegt an uns, die Warnungen der Wissenschaftler ernst zu nehmen und ihre Verbesserungsvorschläge in die Tat umzusetzen.

Was können wir tun?

Ihr habt ja schon erfahren, dass die Treibhausgase die großen Übeltäter in der Atmosphäre sind. Um das Klima zu sanieren, muss man den Ausstoß dieser Gase eindämmen. Alle Länder der Erde setzen sich deswegen regelmäßig zusammen, um den Ausstoß der Treibhausgase, vor allem von CO_2, weltweit in den Griff zu bekommen. Schritt für Schritt soll immer weniger Kohlendioxid in die Atmosphäre gelangen – und so könnte uns die drohende Klimaerwärmung erspart bleiben. Wenn Politiker aus aller Herren Länder zusammenkommen, könnt ihr euch vorstellen, wie es da zugeht? Wie bei einem Bazar wird herumgefeilscht, dort eine Tonne CO_2-Ausstoß mehr, dort eine weniger. Um es kurz zu machen: Die Mächtigen der Länder können sich nicht einigen. Immer wieder kommen Argumente wie «Das schadet der Wirtschaft» oder «Das kostet Arbeitsplätze». Andere behaupten einfach, dass das gar nicht so schlimm sei mit der Klimaänderung.

Immerhin sind die Politiker in der Welt heute schon so weit, dass sie sich auf einen Zeitpunkt einigen konnten, bis zu dem der Ausstoß an CO_2 verringert werden soll. Am meisten Treibhausgase schleudern die reichen Länder in die Luft, denn hier gibt es auch die meisten Autos und die meisten Wärmekraftwerke. Dazu zählt auch Deutschland – wir müssen also am meisten von allen tun.

Leider werden diese Abmachungen manchmal ganz eigenartig

ausgelegt: In Zukunft soll es nämlich erlaubt sein, dass die Länder, die viel CO_2 in die Atmosphäre hinaufschleudern, von Ländern, die weniger verbrauchen, Ausstoßmengen kaufen können. Die reichen Länder müssten sich dann gar nicht mehr anstrengen. Wird die Ausstoßmenge überschritten, kauft man bei einem ärmeren Land noch ein wenig nach, schließlich haben die noch «CO_2-Reserven». Irgendetwas stimmt da nicht. Der Natur ist es nämlich ganz egal, wer von wem CO_2-Ausstoßmengen kauft oder verkauft. Die Formel ist einfach: Je mehr CO_2 in die Atmosphäre gelangt, desto größer ist die Erderwärmung.

Ob wir mit diesen Abmachungen das Problem lösen werden, ist fraglich. Es gibt aber mittlerweile auch andere gute Ideen und Vorschläge auf die Frage «Was tun?».

Der ökologische Rucksack

Niemand will auf die tollen technischen Errungenschaften verzichten: Handy, Computer, Auto, Waschmaschine, Fernseher. Beim Bau dieser praktischen Dinge benötigen wir aber Energien wie Erdöl. Das Auto fährt sogar nur mit Erdöl, besser bekannt als Benzin. Es wird sehr schwierig sein, den Menschen zu sagen: Ihr dürft nicht mehr Auto fahren, weil das die Atmosphäre belastet. Friedrich Schmidt-Bleek und später Ernst Ulrich von Weizsäcker hatten eine Idee: Die Energien, die beim Bau von Computern, Autos usw. gebraucht werden, müssen hinuntergeschraubt werden. Dann haben wir eine Chance, auch unser Klima in den Griff zu kriegen.

Ein Joghurt geht auf Reisen

Denkst du daran, woher die Zutaten kommen, wenn du genüsslich dein Erdbeerjoghurt auslöffelst? Die Wissenschaftlerin Stefanie Bröge hat sich die Mühe gemacht, bei einem bei uns hergestellten Joghurt zu untersuchen, woher die Einzelteile stammen.

Das Ergebnis ist verblüffend: Die Zutaten des Joghurts (Milch, Erdbeeren) und die Materialien wie Glas und Deckel haben insgesamt 3500 Kilometer Reise hinter sich. Aus Polen, Holland, Österreich und Tschechien werden die verschiedenen Zutaten herangeschafft. Das ist aber nicht alles: Noch einmal 4500 Kilometer kommen dazu, wenn man sich ansieht, woher die Zulieferer ihre Materialien beziehen. Macht zusammen also 8000 Kilometer für ein Erdbeerjoghurt am Frühstückstisch. Mit vielen anderen Produkten könnte man dasselbe Spielchen betreiben. Immer kommen Transportwege heraus, die gigantisch viel Energie verbrauchen. Friedrich Schmidt-Bleek kam auf die Idee, jedem Produkt symbolisch einen «Rucksack» zu verpassen: einen ökologischen Rucksack. Wird viel Energie verbraucht, um etwas zu erzeugen, und sind die Transportwege weit, so wie bei unserem Joghurt, ist der Rucksack schwer. Wird Energie gespart und ist der Weg zum Konsumenten kurz, leert sich der Rucksack. In unserem Erdbeerjoghurt-Beispiel könnte man den ökologischen Rucksack schon deutlich leichter machen, wenn man die Zutaten in der Nähe beziehen würde.

Ob das Schulbuch, das Handy, das Fahrrad: Alles hat seinen Rucksack. Verfolgt man die Produktionswege und sieht nach, welche Energien aufgebraucht werden, bis das gute Stück fertig ist, weiß man, wie groß der ökologische Rucksack ist.

Es gibt schon einige Firmen, die nach diesen Prinzipien arbeiten. Sie versuchen, mit leichtem «ökologischem» Gepäck auszukommen. Je weniger Energien wir verbrauchen, desto weniger CO_2 verpuffen wir – und ein Schritt auf dem Weg zur Verminderung der Treibhausgase ist getan.

Berühmte Leute

Ein Kämpfer für die Umwelt

Geboren ist **Ernst Ulrich von Weizsäcker** in Zürich 1939. Er gilt als einer der Vorreiter, wenn es um Umweltfragen und deren Lösungsmöglichkeiten geht. Er bekam dafür auch zahlreiche Preise. Bahnbrechend war sein Buch «Faktor 4», mit dem es plötzlich möglich schien, die Umweltprobleme unserer Zeit in den Griff zu kriegen. Zusammen mit Friedrich Schmidt-Bleek kam er auf die Idee des ökologischen Rucksacks. Weizsäcker, der Bruder des ehemaligen Bundespräsidenten, hat auch das Wuppertaler Institut für Klima, Umwelt und Energie gegründet.

Um selbst auch etwas zu tun, könnt ihr ja mal eure Eltern fragen, wo sie die Lebensmittel einkaufen. Vielleicht gibt es einen Wochenmarkt bei euch in der Nähe, wo die Produkte alle aus der näheren Umgebung kommen. Da ist der ökologische Rucksack dann ganz leicht, und ihr habt schon einen kleinen Beitrag geleistet, um unserer Umwelt zu helfen.

Wenn jeder Einzelne aufpasst, wo er in seinem Alltag Energien sparen kann – dann ist das auf das Ganze bezogen ein großer Schritt in die richtige Richtung.

Glossar

Altostratus

Wolken zwischen 2 und 7 Kilometer Höhe mit großer horizontaler Ausdehnung. Die Sonne ist bei Altostratus-Wolken nicht mehr zu sehen. Sie sind mitunter die Vorläufer der Regenwolken (siehe Nimbostratus).

Altweibersommer

Eine am Herbstanfang länger anhaltende Schönwetterperiode. Der Name kommt von den Spinnweben, die vom Wind zerzaust werden und an das graue Haar alter Frauen erinnern.

Atmosphäre

Luftschicht, die von der Erde angezogen wird. Sie wird in mehrere Unterschichten gegliedert: siehe Troposphäre, Stratosphäre, Mesosphäre, Thermosphäre.

Beaufort

Bei Seglern übliche Einheit zur Bestimmung der Windgeschwindigkeit. Benannt nach Sir Francis Beaufort.

Bora

Kalter, trockener und stark böiger Fallwind an der Küste Dalmatiens. Aus dem griechischen *boreas* = «Nordwind».

Brontologen

Fachbezeichnung für Gewitterforscher.

Cirrocumulus-Wolken

Auch Schäfchenwolken genannt. Meist hohe Wolken, die an eine Anordnung wie bei einer Schäfchenherde erinnern.

Cirrus-Wolken

Hohe Wolken, zu Deutsch «Federwolken». Erste Anzeichen für Schlechtwetter (bei einer Warmfront).

CO_2

Kohlendioxid. Verursacher des Treibhauseffekts (siehe Treibhausgase). Entsteht beim Verbrennen von Erdöl und Kohle. Regierungen aus aller Welt versuchen, den CO_2-Ausstoß zu verringern.

Cumulonimbus-Wolken

Gewitter- oder Schauerwolken. Sie reichen bis auf 7 Kilometer Höhe hinauf.

Cumulus-Wolken

Haufenwolken. Es gibt mehrere Unterarten, zum Beispiel *Cumulus humilis* («niedrige Haufenwolke») oder *Cumulus mediocris* («Haufenwolke mittlerer Größe»). Können Schönwetterwolken sein.

Eisregen

Regen bei Temperaturen unter 0 Grad. Führt zu gefährlich glatten Straßen. Entsteht, wenn sich in der Höhe wärmere Luft hineinschwindelt und die Eiskörner auftaut. In Bodennähe tauchen die Tropfen wieder in Kaltluftseen ein.

El Niño

Spanisch für «das Christkind». Alle paar Jahre, besonders zu Weihnachten beobachtete wärmere Meeresströmung an den Küsten Mittel- und Südamerikas. Fischer gehen in dieser Zeit leer aus, viele Fische und Meeresvögel verenden.

FCKW

Abkürzung für Fluorchlorkohlenwasserstoffe. Sie sind für den Treibhauseffekt mitverantwortlich (siehe Treibhausgase) und entstehen bei der Produktion von Schaumstoffen, früher auch bei Haarsprays. Sie zersetzen die schützende Ozonschicht.

Fesselballon

Ballon mit Helium oder Wasserstoff gefüllt, der beim Aufstieg verschiedene meteorologische Größen (Temperatur, Feuchte, Druck, Wind) misst.

Föhn

Warmer Fallwind in den Alpen. Entsteht, wenn Regenwolken sich an der Vorderseite von Bergen ausregnen und an der Rückseite trockene warme Winde ins Tal fallen. So manch einer fühlt sich bei Föhn wie in Trance versetzt.

GMT

Abkürzung für «Greenwich mean time», auch Weltzeit genannt. Greenwich in England wurde als weltweit fixer Bezugspunkt der Uhrzeiten gewählt (siehe auch UTC).

Golfstrom

Warme Meeresströmungen zwischen Amerika und Europa. Sie entstehen durch Winde, die wärmeres Wasser aus Äquatornähe Richtung Norden pumpen.

Halo

Weiter farbiger Ring um Sonne oder Mond (ohne Wolken). Anzeichen für kommendes Schlechtwetter.

Hof

Farbiger Ring in einer Wolke, beleuchtet durch Sonne oder Mond.

Hundstage

Zwischen 23. Juli und 23. August. Benannt nach dem Sternbild, das sich in diesen Tagen in der Nähe der Sonne befindet, dem Hundsstern. In diese Zeit fallen gewöhnlich die heißesten Tage im Jahr.

Isobaren

Linien gleichen Drucks. Werden auf Wetterkarten eingezeichnet, um Hoch- und Tiefdruckgebiete auszumachen.

Jetstream

Zu Deutsch Strahlstrom. In 8000 bis 10 000 Meter Höhe sowohl auf der Nord- als auch auf der Südhalbkugel zu finden. Besonders kräftige Winde, die relativ beständig sind. Werden in der Luftfahrt genutzt, da man viel Zeit und Kerosin spart, wenn man in so einem Jetstream mitfliegt.

Kaltfront

Luftmassengrenze, bei der warme Luft durch kalte ersetzt wird. Bei Durchgang einer Kaltfront dreht der Wind, der Luftdruck steigt, und kräftige Regenschauer und Gewitter gehen nieder. Nachher ist es kälter, die Sicht wird aber, nachdem der Regen aufgehört hat, rasch besser.

Knoten

Windeinheit. Abkürzung: kn. 1 Knoten = 1,85 Stundenkilometer.

Kugelblitze

Fußballgroße, hell leuchtende Feuerbälle, die meist bei Gewittern entstehen. Sie sind kurzlebig, noch unerforscht und daher Grund für zahlreiche Vermutungen.

Lee-Seite

Windabgewandte Seite (siehe Luv-Seite).

Lostag

Entscheidender Tag im Bauernkalender, der das Wetter der
nächsten Zeit (Tage, Wochen, Monate) vorherbestimmen soll.

Luv-Seite

Die windzugewandte Seite. In den Bergen stauen sich die Wolken an der Luv-Seite, an der windabgewandten Seite, dem Lee,
hingegen bleibt es trocken, und föhnige Winde fallen ins Tal.

Malaria

Kommt aus dem Italienischen und bedeutet «schlechte Luft».
Im 19. Jahrhundert meinte man, dass die schlechte Luft schuld
sei an der Fieberkrankheit. Heute kennt man den Überträger:
die Anophelesmücke.

Mesosphäre

Zwischen 50 und 80 Kilometer Höhe. In 50 Kilometer Höhe,
an der Grenze zur Stratosphäre, sind es etwa 0 Grad, die Temperatur sinkt aber stetig. In 80 Kilometer Höhe fällt das Thermometer schon auf minus 80, minus 90 Grad.

Mistral

Wind, der vor allem in Südfrankreich, im Rhonetal und in der
Provence bläst. Trocken und kalt. Tritt besonders im Winter
und im Frühjahr auf.

Monsun

Ausgeprägte Winde, auf die sich besonders in den Tropen die
Seeleute freuen – auf sie ist nämlich Verlass. Verlässlich bringen
sie auch im Sommer den für den asiatischen Kontinent not-
wendigen Monsunregen.

Nimbostratus

Typische Regen-, im Winter Schneewolke. Sie hat oft eine weite horizontale Erstreckung. Habt ihr solche Wolken über euch, kann der Regen ziemlich lang andauern.

Ozon

Oder O_3. Lebensnotwendige Schutzschicht mit Ozon in der hohen Atmosphäre zum Schutz vor ultravioletter Sonnenstrahlung. Dieses Ozon wird auch als stratosphärisches Ozon bezeichnet. Wird zum Beispiel durch FCKW zerstört. Umgekehrt das troposphärische oder bodennahe Ozon: Das wird in Bodennähe durch Verkehr und Industrie an heißen Sommertagen erzeugt und verursacht bei uns Menschen Hautreizungen und Atemnot. Manchmal kommt es deswegen im Radio oder Fernsehen zu Ozonwarnungen.

Passatwind

Beständige Winde, die auf beiden Halbkugeln der Erde auftreten. Auf der Nordhalbkugel als Nordostpassat, südlich des Äquators als Südostpassat.

Polarlichter

Meist in den Polargebieten beobachtetes Naturspektakel. Sonnenpartikel sorgen für Lichterscheinungen am Himmel, und das in allen Farben. Bei großen Partikelausbrüchen der Sonne zeigen sich Polarlichter auch in unseren Breiten.

Psychrometer

Messgerät zur Bestimmung der Luftfeuchtigkeit. Es werden zwei Thermometer genommen, eines davon wird immer feucht gehalten. Aus der Differenz zwischen Trocken- und Feuchttemperatur lässt sich dann die Feuchtigkeit bestimmen.

Pyranometer

Gerät, mit dem die Sonneneinstrahlung bestimmt werden kann.

Red sprites

Englisch für «rote Elfen». Schwach leuchtendes Phänomen, das bei Gewittern beobachtet wurde. Heute weiß man, dass es sich um Gewitterentladungen der Wolken Richtung Weltall handelt.

Schafskälte

Gefürchteter Kälteeinbruch im Juni. Der Name rührt daher, dass die Schafe um diese Zeit ihren Winterpelz geschoren bekommen und ein nacktes Schäfchen bei diesem Kälteeinbruch furchtbar frieren kann. Nicht zu verwechseln ist die Schafskälte mit den drei Eisheiligen.

Scirocco

Ursprünglich aus dem Arabischen *sarqi*, was so viel wie «östlicher Wind» heißt. Heißer, trockener, mitunter sogar staubiger Wind im Mittelmeerraum. Ähnelt dem Föhn in den Alpen.

Seemeile

Bezeichnung für die Windstärke. Eine Seemeile pro Stunde entspricht einem Knoten (kn). 1 Knoten = 1,85 Stundenkilometer.

Siebenschläfertag

Zwischen 5. und 10. Juli, manchmal auch am 27. Juni. Lostag, der über das Wetter des kommenden Sommers Aussagen trifft.

Smog

Setzt sich aus *smoke* (englisch für «Rauch») und *fog* (englisch für «Nebel») zusammen. Oft in Großstädten, wenn die Luft vom Wind nicht ausgetauscht wird und sich unter einer Nebelschicht immer mehr Schadstoffe ansammeln.

Stratosphäre

Beginnt in 8 bis 10 Kilometer Höhe (Flughöhe von Jumbojets). Geht bis 50 Kilometer Höhe. Die Temperatur nimmt in dieser Atmosphärenschicht stetig zu.

Thermosphäre

Oberste Schicht der Atmosphäre, die in 80 Kilometer Höhe beginnt, hier sind es etwa minus 80 bis minus 90 Grad. Je weiter man dann Richtung Sonne kommt, umso wärmer wird es wieder.

Treibhausgase

Die wichtigsten sind Kohlendioxid (CO_2), Methan, Stickoxid, Fluorchlorkohlenwasserstoff (FCKW). Sie sorgen dafür, dass die Erde zu einem Treibhaus wird und nur ein Teil der Strahlung ins Weltall hinauskann.

Troposphäre

Unterster Teil der Atmosphäre, reicht von 8 bis 10 Kilometer Höhe. Normalerweise nimmt die Temperatur mit der Höhe in der Troposphäre ab. Es gibt aber Wetterlagen, da dreht sich die Temperaturverteilung um (so genanntes Inversionswetter).

UTC

«Universal time code». Mit Atomuhren geeichte Fixzeit. Entspricht in etwa der Weltzeit (siehe GMT).

Warmfront

Front, an der kalte Luft durch warme ersetzt wird. Typische Entwicklung: Zuerst hohe Wolken (Cirrus), dann mittelhohe (Altostratus), und schließlich kommt mit den Nimbostratus-Wolken der Regen. Ist die Warmfront durch, wird der Druckfall schwächer.

Wetterradar

Radargerät, um Regen und Schneefall zu erkennen. Ein Radar erfasst Tröpfchen im Umkreis von 100 Kilometern.

Internettipps

Hier gibt es ein paar heiße Tipps, wie ihr zu noch mehr Informationen übers Wetter kommt:

WWW.DWD.DE: die Seite des Deutschen Wetterdienstes. Hier findet ihr auch aktuelle Wetterprognosen und Messwerte.

WWW.WETTER.DE: ebenfalls gut aktualisierte Wettervorhersagen für Deutschland.

WWW.WETTERONLINE.DE: schon eher für Profis. Wetterkanal mit Radar, Satellitenbild und Prognosen von vielen Stationen weltweit.

WWW.WESTWIND.CH: nur für Profis. Hier findest du Wetterkarten, Satellitenbilder und Wetterradare, so viel dein Herz begehrt.

WWW.WETTER.ORF.AT: eine österreichische Wetterseite, die dir ein guter Begleiter ist, wenn du mal in den Alpen Urlaub machst.

WWW.WETTERZENTRALE.DE: noch eine Profiseite. Hier gibt es auch ein Chat-Forum, wo über alles rund ums Wetter geredet wird. Auch der berühmte Fernseh-Meteorologe Jörg Kachelmann ist öfters dabei …

Dank

Ohne die Hilfe vieler Freunde und Bekannter hätte ich das Buch nicht schreiben können. Ein Dankeschön an Sylvia Brayley, Martin Stieber, Rupert Pichler, Dr. Kurt Broer, Martin Piringer, Gregor Doser, Bernd und Gunhild Schultheis.

Abbildungen

Die Vignetten der Textkästen und den Bastel-Gimmick gestaltete
Antje von Stemm.

Seiten 7, 67, 84:
© U. S. Fish and Wildlife Service

Seiten 8, 18:
© 1988–2002 by Eric Frappa. All rights reserved. No use without
written permission of the author. Please contact frappa@meteo-
res.net http://www.meteores.net .

Seiten 10 (2x), 12 (2x), 17, 21, 24, 26, 63, 72, 85, 90:
© National Oceanic and Atmospheric Administration/Depart-
ment of Commerce, Washington D. C., USA

Seite 17:
© Wolfgang Kathan, Wien. Mit freundlicher Genehmigung

Seiten 30, 89, 90:
Infografiken von Susanne Thurn, atelier f, Hamburg, nach Vor-
lagen des Ausschusses für Blitzschutz und Blitzforschung (ABB)
des VDE, und Klimadiagramme nach Bernhard Mühr,
www.klimadiagramme.de

Seite 33:
© Paul McCrone, Bellevue Nebraska, USA. Mit freundlicher
Genehmigung

Seiten 34, 39:
© NEG Micon, Randers, Dänemark

Seiten 37, 46, 47, 52, 53, 54, 58 (4x), 78:
© Sylvia Brayley, Wien. Abbildungen auf den Seiten 46, 47, 52,
und 58 (4x) mit freundlicher Genehmigung der Zentralanstalt für
Meteorologie und Geodynamik (ZAMG), Hohe Warte, Wien

Register